台灣百人傳 2

莊永明◎著

目錄

出版緣起

最有人味的台灣史

時報出版公司主編

心岱

高山急水的台灣，在交通工具正需人獸的年代，轎子也成了渡溪的「車子」。

世紀末，台灣在九二一遭逢七・八級的大地震；千禧年，台灣政局在五二〇的新總統就職大典後，改朝換代……

這是大地怒吼與民心思變的結果，卻很湊巧的連續發生，彷彿意涵著天意，這樣說似乎太宿命不公平，因爲，歷史都是「人」創造出來的，天然災害雖不可預防，但傷害要降到最低，有賴平時人對大自然的尊重；政黨輪替是民主社會的第一課，自一八九五年甲午之戰以來，台灣人終於用選票決定了自己的命運與前程。

戎克船是航行「黑水溝」（台灣海峽）的船隻；島嶼台灣人的海洋性格，因統治者的壓制，並沒有揚帆「飛揚」。

台灣，四百年來，曾歷經荷蘭、明鄭、清朝、日本、國民政府等外來政權的統治；「台灣人」究竟該如何定義，長久以來成了意識形態的爭議，尤其兩岸問題迫在眉睫的此刻，本書作者莊永明先生給了我們最明確的「定位」。

「台灣百人傳」寫的是一○○個台灣社會各行各業的菁英（政治官場除外）之生平事蹟，在他們身上呈現了時代背景、時代意義的眞相，時間橫跨近百年，這一頁「台灣民眾史」，揭開了台灣的身世，無論是從歷史意義來描述，或是用地理名詞來訴說……「台灣人」的定義是什麼，文史學權威專家莊永明以這一○○位英雄做了最佳的詮釋。

「人」，創造了歷史，「台灣人」創造了台灣歷史。這百位歷史人物的傳記，構成一幅波瀾壯闊的史詩，淋漓盡致的表現了台灣精神；作者莊永明先生強調：他們的志業，鋪陳台灣人的前途；他們的血汗，灌溉台灣人的心靈；他們的創作，豐潤台灣人的視野；他們的恩澤，減輕台灣人的創痛……在偶像崇拜的今天，台灣人其實也有最切身、最道地的屬於自己的「偶像」呢，這一○○位台灣英雄的魂魄、風骨、熱情、與才華，無疑的正是「台灣人」的典範。

莊永明先生以春秋之筆將百位英雄的風采身影，展現在這套「台灣百人傳」中，不僅是莊氏的巨著，更是一部「最有人味的台灣史」。

自序

台灣百人傳

作者 莊永明

一九一九年啓用的台灣總督府，在一九四九年成了中華民國總統府，然而多少人知道呢？它曾在一九四五年因為美機轟炸而殘破？

一九九七年九月，《People》（時人雜誌）國際中文版以「再見！台灣再見！」發行最後一期之後，終於休刊。《People》中文版創刊於一九九三年一月，總共累積了五十七期，我從「試刊號」即發表「台灣百人傳」系列文章。「台灣百人傳」是《People》一個叫好不叫座的重要專欄，長期在《People》以文字示人的我，也在最後一期的〈台灣第一的家〉一文中，以「癡人」的面貌被介紹出來。這篇文章顯然對我有諸多過譽之處：只因我曾出版《台灣第一》一書。

〈永恆的台灣人〉是我在《People》的告別之作，此文原來的副標是「一百年前和五十年前的台灣人」，乃主編鄭林鐘特別邀請的特稿，應該算是「台灣百人傳」的「外一章」作品。當年是一九九五年，很明顯的，它是爲一百年前的一八九五年，日本政府占領台灣，一九四五年，國民政府統治台灣而寫的「紀念文」。我特意找出這篇文章做爲代序，原因之一是本書的傳主都是《People》「台灣百人傳」的人物，而且也算對「時代背景、時代意義、時代眞實」做一個「告白」。

「台灣百人傳」會在《People》暫停，在此我有必要做點聲明，乃因彼時我正在撰寫「台灣醫療史」。其實，我的資料蒐集已有「百人」的建檔，卻在《People》最後幾期留白，不無遺憾。

遲遲未將這些稿件集結成書，當然是自覺仍待努力，而今心岱小姐一再催促，盛情難卻，乃重拾舊稿，再加修正。深信藉此將「台灣人」成誌顯影，必能改寫《People》的告別標語「再見！台灣再見」的「過去式」，成爲「現代式」或「未來式」，畢竟台灣是可以再見（呈現）的！

永恆的台灣人

——一百年前和五十年前的台灣人

台灣都市的現代化，源於日本殖民政府的「都市計劃」，這條還沒有鋪上柏油，是現代的台北市中山南路，右上角可見總督官邸（今台北賓館）、台北州廳（今監察院）。

一八九四年，清廷因朝鮮問題與日本「開打」，史稱「甲午之戰」，一個龐大的大陸國家，竟然被一個蕞爾島國所擊潰；導致一八九五年四月十七日，清、日兩個帝國的首相——李鴻章和伊藤博文在日本馬關（又名下關）簽下了和約。這一紙被稱爲「馬關條約」、決定了台灣人命運的和約共有十一條，其中關係台灣的是第二款及第五款。

第二款規定：「中國將管理下開地方之權，並將該地方所有堡壘、軍器、工廠，及一切屬公物件，永遠讓與日本」，其中割讓台灣的範圍明定如下：

（一）台灣全島及所有附屬各島嶼。

（二）澎湖列島，即英國格林威治東經一百一十九度至一百二十度止，及北緯二十三度起至二十四度之間諸島嶼。

第二款可以稱爲「割地條款」，也就是說，大清帝國「收復」了明鄭在台灣所建立的東寧王國，做了二百一十二年的主人後，把她做爲戰爭失敗的「償債品」，賠了出去！這塊土地所有權的讓度，清朝政府不問台灣島上「主人」的意見，因爲他們自認是「台灣主人的主人」；不高興時，把他做爲還債的工具，「台灣人」是不容有意見的。

日本政府要定了台灣，卻同意「尊重」台灣人的意見，願意給與台灣人選擇國籍的「自由權」，所以第五款做了如此的規定：

「本約批准互換之後，限二年之內，日本准中國讓與地方人民願遷居讓與地方之外者，任便變賣所有產業，退去界外，但限滿之後，尚未遷徙者，酌宜視為

日本臣民。」

馬關條約簽約的畫作。台灣人在此「賣身契」中變成「日籍台灣人」。改朝換代後，台灣人也有了「新觀念」和「新視野」去做這個島嶼的「反抗者」。

日本政府顯然以「要地不要人」做爲前題，給台灣人兩年時間做「何去何從」的考量；台灣人在限期之內可以離開台灣，不做「日本人」。

台灣人的賣身契——馬關條約所規定的「住民去就決定日」，於一八九七年五月八日到期，根據統計，不願做「日本人」而離去的台灣人，只有六千四百五十六人，僅占當時台灣總人口數二百八十萬的〇．二八％而已。留下來的人，並不是心甘情願要做「日籍台灣人」，而是想繼續做「在地的台灣人」，因爲他們認同台灣。「根在台灣」的心，讓他們「不管」統治者是誰，默默接受掌理台灣政權的「外來政權」，這是台灣人的悲哀，也是台灣人的無奈。

日據時代的在地台灣人，始終認爲自己才是「廟公」，而日本殖民政府是外來的「乞丐」。流落歷史街頭的台灣人，永遠記得「乞丐趕廟公」這句俗話。

日據初期，興起一波又一波的武裝抗日，台灣人用竹篙（竹桿）湊菜刀和日本軍隊的刀尖砲利相「車拚」（戰鬥），不惜犧牲，只是想「回廟」再做「主持」。

一九二〇年代，日本統治台灣的政權已趨穩固，台灣人不得不以「立足」來證實自己的「在地」身分，不願做「二等國民」的呼聲不時出現，因此有「台灣議會期成運動」、「台灣文化協會」、「台灣民眾黨」等結社組織，積極反對殖民政府的行政措施。而日本官員竟以如此口吻回應：「若是反對同化政策，須要退出台灣。」「大家若嫌稅貴（高），儘可退去台灣吧！」這種企圖動搖台灣人「立足」的惡話，叫台灣人離開台灣的做法，引起蔣渭水的不滿，他在一九二四年以一篇〈隨想錄〉，做如此的冷嘲熱諷：

「……明治二十八年五月八日，日清媾和條約批准以後，……對台灣人民給與二年退去期限……三十年五月九日以後，依舊住台灣的人，自然是願意做日本國民的意思了。不但自己這樣想，連日本政府也是看做這樣的哩！所以現在日本籍的台人，是已經做了三十年的日本百姓。而今台灣人的政治運動，是要促使政府改善政治上的弊端，可說是一種愛國的行動。這國民的政治運動，乃是國民的權利，也是國民的義務啦！怎麼叫這政治運動的台灣人，宣告退出的壞話呢？這句話實在是『非同小可』的呀！以身食國家之祿，對人民說這話，實在難免無責咧！……日本領台至今，已經有三十年了，在這時候，還要對台人宣告三十年前的退去命令，是有什麼必要呢？豈不表示這三十年來的治台政績，全沒有進步嗎？」

日軍占領台北城，揮軍進入北門，「抹壁雙面光」的台灣人拿著「歸順良民」的旗幟歡迎「新政權」。

日本人對於清代治理台灣期間所發生的「三日一小亂，五日一大亂」，必然有些了解，而且據台之初，遭到他們所稱的「土匪」，也就是我們歷史記載的「義民」三不五時的反抗，有所警惕，因此在還未陷入第二次世界大戰的泥淖之前，台灣人沒有服兵役的「權利」，因爲日本人怕台灣人會搞「兵變」，而軍人的「高尚」身分，不是台灣人可以染指的。

一九二四年八月，彰化人黃呈聰在《台灣民報》第二卷第十五號發表〈對於台灣人兵役義務的問題〉，以「台灣雖爲帝國的臣民，不過有納稅的負擔，而沒有兵役的義務」，向日本當局提出了質疑，他說：「想是領台當時對新附民（即台灣人）抱懷疑的心，恐怕其對本國不能忠實奉公，所以不使新附民負擔兵役的義務。」黃呈聰爲爭取台灣人服兵役，進一步指責說：「台人兵役義務的有無，全在當局之施行不施行，不是台人之不盡其義務了。」

日本掀起侵華戰爭之初，當然不希望台灣人插一手，恐怕徵調有漢人血緣的日籍台灣人到中國戰場，會使「台灣人打中國人」演變成「幫助中國人打日本人」的局面，難怪台灣總督府會訓練高山族（原住民）投入中國戰場。然而，中國以「空間換取時間」的政策，拉長了日本軍隊的戰線，兵源不濟，後來還投入「大東亞」戰場，更是忙得疲於奔命，於是不得不動到其「臣下」台灣人的腦筋，喊出「膺懲暴支，驅除美蓄」做爲參加「聖戰」口號，經由募兵、徵兵，將一批一批的日籍台灣兵驅策到戰場，以「天皇赤子」的身分參加太平洋戰爭，出生入死。

台灣人參加了這一場莫名其妙的戰爭，結果不是淪爲戰俘，就是成了「可憐無定河邊骨」。

一九四五年八月十五日，日本裕仁天皇透過無線電廣播投降詔書，表示願意無條件投降、接受波茨坦宣言的這一天，日本戰敗，台灣人稱之爲「終戰」或「降伏」，算是日本在台灣五十年殖民統治的結束，也就是說，台灣人不再是「日本籍的台灣人」，而是等著「祖國」接收、沒有國籍的人。

沒有國籍的台灣人，當然沒有政府的統治；繳械的日本軍隊準備移交的殖民政府，已經放棄了「管理權」，等待被遣俘返日。一九四五年八月十六日，末代台灣總督安藤向全台廣播：「諭勿輕舉妄動，靜待善後措施。」靜待有個新政府的台灣人，自八月十五日裕仁天皇宣布投降的隔天等到月底，整整半個月望不到打了勝戰的「祖國」軍隊來到，九月也幾乎處在「等無人」的狀況；到了十月五日才傳聞有位中國將軍飛臨台灣。

前進指揮所主任葛敬恩率領數十名官員，搭乘美軍飛機抵達台北松山機場，爲日後國府派任的行政長官陳儀來台就職做準備工作。台灣人引頸企盼的「祖國高官」終於來了，不幸後來「高官」成了「狗官」。台灣人私下譏諷日本人爲「狗」，而國府來的「狗官」，卻是「豬」的模樣，因而有「狗去豬來」的說詞出現。

開羅會議後，國民政府已有收回台灣的打算，因此在一九四四年四月，於中央設計局內成立「台灣調查委員會」，派陳儀出任主任委員，積極布局接收台灣的準備工作。待日本正式投降，「台灣省行政長官公署」於九月一日在重慶成立，任命陳儀爲台灣省行政長官。不知是陳儀不急於履新，還是中央交代的事未予傳達，這位新任台灣首長竟然遲不來台，一直到了十月二十四日，也就是受降典禮的前一天，才以「台灣省行政長官兼台灣警備總司令」的身分，偕同交通處長嚴家淦、工礦處長包可永、美軍陸軍上校顧德理、海軍上校凱爾於午後十二時五十分，從上海飛抵台北。

從八月十六日到十月二十四日整整七十天，台灣人沒有國籍、沒有政府，是名副其實的「亞細亞孤兒」；黃得時教授稱這段歷史爲：「眞空七十天」。無政府狀態的台灣人，過的是什麼樣的日子？

過去飽受日本人的壓制，如今「出頭天」的台灣人，不免採取一些報復行動，然而私刑懲罰日本人的行爲畢竟是少數的個案。大體來說，台灣人保持著「君子不計小人過」的風度，與蔣介石「以德報怨」的政策相呼應。而一些平日作威作福的日本刑事警察，這時也閉門思「過」，不敢出門一步。

十月十日，台灣人舉行盛大的中華民國國慶，慶祝「第一個雙十節」，各地演戲、燃放炮竹，提燈遊行，盛況感人。

十四日，中國空軍司令部派機來台空投〈告台灣同胞書〉，雖是善意的問候，卻引起一陣騷動。因爲大戰末期，美軍B24、B29轟炸機經常對台進行破壞性的轟炸，人心惶惶，難怪會聞「機」色變。

十五日，各地青年競相組織「三民主義青年團」，幫助維持社會秩序，「三民主義」一詞竟成了口頭禪。大家雖然不懂三民主義就是民族、民權、民生三大主義，但三民主義倡導的「自由、平等」，是做亡國奴的時代所嚮往的。祖國所談的三民主義，既是「救國主義」，也就是「救人主義」，而台灣人被救出來了，也享有三民主義所賦與的權利，「三民主義隨在人！」成了大家慣說的俗話。民主是以人民爲主，主人較大天，也就是「隨在人」！

幸好，台灣人一向有「序大序小」（尊長之分）的觀念，一切講求情、法、理。日本人在「法律」上的威權「教育」，也「教」得台灣人服服帖帖，守規矩，有分寸，不敢隨便亂來，更何況是作奸犯科，因此「三民主義隨在人！」說說而已，不會用來違法犯紀。

日治台灣五十年，建設了不少的事業，而事業的經營主管都是「內地人」（日本人）。戰敗之後，所有權沒有了，經營權也得移交，跋扈專橫的日本主管認為他們放下了工作，台灣人就有苦頭吃了。「頂司」日本人袖手不管，「下司」的台灣人義不容辭頂下所有的工作，讓一切運作順利進行，還期盼「祖國的政府」趕快派員接收。

「眞空七十天」，沒有政府、沒有事業主管，「當家做主」的台灣人從疏散地回來後，每天「出勤」（上班），回到工作崗位，不怕領不到薪水、不計較工作是否白幹，因此幾乎所有日本人遺留的事業，得以不停頓、不休工。台灣人發揮了高度的「自治精神」！

「眞空七十天」當中，與民生最密切的電力、自來水照樣供應，沒有一天停電停水，其他如郵政、電話、公路、鐵路一樣暢通無阻。

疏散到鄉下的呂泉生也自動回到「台北放送局」（中廣前身）上班，恢復正常廣播。他還熱心的幫聽眾尋找中華民國國歌的唱片，想不到發現的資料寫的是中國國民黨黨歌。

日本殖民政府發行的台灣銀行鈔票，雖然出現通貨膨脹的現象，但照樣流通，買的照付，賣的照收，不因沒有政府的「信用保證」成了廢紙，維持經濟的安定。

黃得時教授追憶這段「眞空七十天」，說了一段很重要的話：

「尤其是要大書而特書的，是治安的良好。我曾經把這七十天的報紙通通查遍，並未發現有一件搶劫、殺人、強暴的案件。這是因為一般老百姓都認為自己

已經脫離日本殖民地的桎梏，好不容易才歸回祖國，成為大漢民族，因此，必須保持大漢民族的胸襟與矜持，絕不作姦犯科而來的。況且台灣自從日據時代以來，嚴禁民間持有槍械，所以不會發生槍擊案件。至於歹徒殺傷警察之事，五十年間，很少發生。即使深夜一時至二時，在大街小巷一個人走路，亦不會遭到歹徒的殺傷或恐嚇。」

台灣人期待祖國接管的心情是有目共睹的。不少人每晚學唱中華民國國歌，有人知道中華民國國旗是迎接接收人員不可少的，因此趕製國旗，「青天白日」有多少道光芒，根本不知道，連國旗怎麼掛也不曉得。「太平町」（延平北路）街道高懸的歡迎標語，雖然沒有將國旗畫倒了，不過也掛反了，左右異位。

講「國語」，也成了學習時尚，熱潮熾烈。台灣流行歌曲作詞家陳君玉早年去過大陸，說得一口「官話」（北平話）。戰時，陳君玉是台北市僅有三處「北京話講習所」的講師，他在大稻埕開設「燕京語同好會北京語講習所」。日本殖民政府允許開班授課，是爲了「培養翻譯人員」，攻打「支那」不能沒有懂得「支那語」的人。盟軍飛機轟炸台北最猛烈之時，陳君玉疏遷到樹林鎮附近山上，講習所也因此停開。大戰終了，他在台北講習所的鄰居跑到山上通知他說：「先生，快下山來吧！講習所的門快要給砸破了！」於是他趕忙下山，掛起「呢喃巢讀書會國語補習班」的招牌。

「喜離苦雨淒風景，快睹青天白日旗」，這是歡迎國府軍隊的對聯。然而大家群聚基隆，看到下碼頭的竟是衣著破爛，挑鍋背傘，裝備不佳，精神萎靡的「棉被兵」，好不失望！

一九四五年十月二十五日，中國戰區台灣省受降典禮在台北市公會堂（今中

山堂）舉行，由台灣省行政長官陳儀代表中國戰區最高統帥受降，正式宣布：

「從今天起，台灣及澎湖列島，已正式重入中國版圖，所有一切土地、人民、政事皆已置於中華民國國民政府主權之下。」

台灣的「主人」，由「台灣總督」變成了「台灣省行政長官」。

日治時代，台灣人奉公守法、「足規矩」（規規矩矩做人），在日本嚴刑峻法「調教」下，可以說一介不取，而且夜不閉戶。然而新政府一到台灣，就發布了一些台灣人聽不懂的名詞：禁止「揩油」、「舞弊」、「貪污」、「回扣」。替公家辦事，是天經地義的職責，是一項榮譽，怎能不戰戰兢兢，如履薄冰？惟恐做不好事，哪能占公家便宜？什麼叫揩油？怎麼舞弊？如何貪污？取回扣？搞得台灣人很「認眞」地探求其中奧秘。

台灣省長官公署也許是因爲接收日產忙暈了頭，竟然忘了轄下的台灣人已經有七十天沒有國籍，彷彿有人被統治就行了，管他「何許人」？反正他們是日本人不能「要」的台灣人！

一九四五年十一月三日，台灣行政長官公署公告：本省日據時期印有之郵票，加印「中華民國台灣省」字樣，暫行通用。這段「改朝換代」的時期，竟然還有鄉下郵局郵戳日期的年度，仍沿用日本昭和二十年，而不是中華民國三十四年或西元一九四五年。有位集郵家曾收藏一封「不知今夕何夕」，誰在當朝主政都不清楚的實寄封，可惜這一封珍郵不幸被竊，不然可以裝版供大家欣賞，看看這大時代的小插曲。

十一月二十二日，行政長官公署宣布，爲破除日本統治觀念，公布「各縣市街道名稱改正辦法」，先頒發台北、基隆、高雄三市政府遵辦，規定於當地縣市政府成立後兩個月內，將所有街道之日本名稱一律改正爲「發揚中華民族精神或紀念國家偉人之名稱。」今日台北市的街名成了「秋海棠葉」的版本，迪化街、天水路、酒泉街、哈密街、承德路……，以中國北方的地名做爲台北市北區的街名，使原本是台北市繁華的大稻埕地區，竟成了大陸的邊陲地帶！台灣各都市都有中華、中山、中正三條幹線道路，其法源也是來自這一段命令。

十二月十一日，行政長官公署又下了一道命令，公布「台灣省人民恢復原有姓名辦法」，日據時代因日本殖民政府推行「皇民化運動」，改爲日本姓名之人，得以恢復原有

「田園裡咱種樹咱栽，勞苦代過代。」一代一代流汗、流淚、流血的耕耘，也有歡欣收割的時刻。

姓名。「牧野雄風」回復爲林金生，「楊佐三郎」變成了楊三郎。

一九四五年年底，國民政府終於注意到他們「忘記」恢復台灣人的中華民國國籍，始明令沒有國籍的台灣人爲「中國人」。

台灣人此後開始「談天説地」，以「五天五地」的流行語來諷刺接收官員的顢頇和「無天無地」：

(一)日本投降前，因為盟軍飛機轟炸，所以「驚天動地」。
(二)日本投降後，聽到台灣從此光復，所以「歡天喜地」。
(三)接收人員到台灣，原性不改，所以「花天酒地」。
(四)重用外省官員，輕視台胞，政治混亂，所以「黑天暗地」。
(五)工廠關門，交通阻塞，物價飛漲，所以「呼天喚地」。

陳儀蒞台時宣告的「治台」口號：「實行三民主義」和「建設模範的台灣」，也被台灣人改爲「實行三民取利」和「建設謀叛的台亂」，接收則被稱爲「劫收」。台灣人對新來的政權，失望極了。

歷史學家説：「二二八事變的發生，是必然的，而不是偶然的。」眞有其道理。

一百年的往事已成雲煙，五十年的今事也必將「過眼」。一個世紀未必短促，半百歲月也必是漫長。台灣人不管以歷史意義來描述，或是用地理名詞來訴説，總是一句永恆的「名詞」；永恆就是不滅，永恆就是存在，不是嗎？「永恆」的台灣人不應再做「悲哀」的台灣人了！

●「玉山崇高蓋扶桑」，日本領台後，將玉山改名為「新高山」，但台灣人的心靈，玉山永遠是如玉的聖峰。

社會運動的前鋒

王敏川

（1889～1942）

【語錄】

●「能有自立，然後能有自由，有自由然後能自治，所以對一身不自治，即一身不自由，一身不自由，即一身不自立。」

●「當思社會之萎靡不振者，當以言論不自由為最重要之原因也。言論不自由，則萬事守沈默，而乏進取之氣象，卻望革故鼎新，何可得也。」

【評價】

●「王氏的一生，我們可以看到受到舊社會的舊教養之智識分子的苦難。同時也可以看到勇敢越過苦難而前進的精神。」

——楊雲萍

●「（王敏川是）從溫柔的紳士（舊學教養的紳士）鍊成做最勇敢的革命鬥士。」

——楊雲萍

彰化古稱「半線」，係以「保城、保民，彰聖天子丕昌海隅之化歟」，可改名「彰化」，但因是抗日古戰場，曾被日本人稱為「惡化市」。王敏川的故鄉，孕育了他反抗的精神。

台灣文化協會末代委員長王敏川，字錫舟，有時單用「錫」字做爲筆名。出生於一八八七年三月二十二日，彰化郡彰化街北門外人（今彰化市）。一八九五年台灣淪日，王敏川九歲。由於日軍兵臨彰化城時，在八卦山之役付出了最慘痛的代價，因此統治期間視彰化市爲「惡化市」。王敏川必自童年時期即對日本統治的專制、跋扈，留下不滿和憤慨的心理。

王敏川的父親王廷陵是「漢學仔先」（私塾老師），王敏川幼承庭訓，少年時代對漢文鑽研頗深。一九〇九年畢業於台灣總督府立國語學校，分發彰化第一公學校（今中山國民小學）任教。他教學認眞，由於講起課來臉部會發紅，學生給他起了「紅面虎」的綽號。

王敏川從小受孔孟之道的薰陶，成長過程也受西方思想的影響，在非武裝抗日民族陣容中，他無疑是一位不忮不求、不屈不撓的鬥士。

「台灣文社」曾舉辦「儒生論政，喚醒民眾」第一期徵文，以「孔教論」爲題，二十篇入選佳作刊載於一九一九年一月發行的《台灣文藝叢誌》第一號，王敏川獲第六名，他主張：「孔教非宗教也，耶佛宗教也。惟孔教非宗教，故世人不宜尊為聖主，而尊為聖人。」當時擔任評論的文宗吳立軒（德功）評其文曰：「孔教為聖教，非宗教可比，戛戛獨造，有功聖門；筆亦抑揚頓挫流動。」

一九一九年，王敏川負笈東京，考取早稻田大學政治經濟科；一九二二年畢業時，他已是三十四歲的壯年了，和他同年畢業的有呂靈石、黃呈聰、黃朝琴等人。

王敏川赴日留學的第一年，適値東京留學生民族自覺匯成運動的時候，他在這個大潮流之中，以書生報「台」的心懷，義不容辭參加了啓發會（一九一

九年）、新民會（一九二〇年）這些最早期由台灣智識青年所結合的民族運動組織。

一九二〇年七月十六日，《台灣青年》雜誌創刊，非武裝抗日的文宣工作於焉展開。王敏川抱著「天下興亡，匹夫有責，吾台文化之隆替，實繫吾輩」的精神，擔任編輯工作，並以如椽巨筆喚醒民眾。他在《台灣青年》創刊號撰寫〈發刊之趣旨〉一文說：

我台灣之隸於帝國版圖已二十餘稔矣，顧文明之進步，猶不能與內地

THE TAIWAN MINPAO

臺灣民報

本期題目

社說
反對建設臺灣大學

內外時事
朝鮮人唱改革中樞院、日米難免衝突、禁使用毒瓦斯、日米兩國之總動員日、北京政府發浙江討伐令、朝鮮米減收二百餘萬石北京通信、

臺灣近情
市街庄豫算經決裁了、鹿港公學校同窓會中止、草屯文化講演的盛況、裁判長勸和解、

評論
關於彰化思想問題的考察、怎樣是真正的學者呢？中國人宜先事政治的改革、怎樣叫做覺悟的青年？

時事短評
宜蘭無電信的問題、長官的節約內訓、米國全海軍的大演習、對於各種講習會的干涉、因噎廢食、多舉微罪的弊風、

時論拔萃
臺灣的政治應該着一新了、新轉內田君的異稿、

人種問題
致世界被壓迫民族書、東方諸國的民族運動、新國恥日排外運動、

隨感錄
這句話非同小可！精神復興、七一與五九、

雜錄
臺灣議會設置請願懇談記、文化講演日記、

婦女衛生
姙娠的初期、

法律淺解
刑法

文藝
討論舊小說的改革問題、戲曲絕裾

反對建設臺灣大學

第貳卷（旬刊）第拾八號

● 王敏川以如椽巨筆喚醒民眾，從《台灣青年》到《台灣民報》，以及後來新文協所創辦的《大眾時報》，他都是主要人物。這份《台灣民報》可見王敏川的專用印章。

（註：日本）相並馳，考其原因雖不一，而吾台人之無自覺，實為最著者也。夫文明之增進，恆視其群自己發展之能力如何，若己不自進，則人亦不能為我助，吾台文化所以不進之故，即病自己無發展之能力。今日世界改造之秋，國民之榮辱不在於國力之強弱，而在於文化程度之高低；吾人雖附為大國國民，不足以為榮，而文化程度之低下，實為吾人之大辱……顧亭林有言：『天下興亡，匹夫有責。』吾台文化之隆替，實繫吾輩。

王敏川鑒於「吾以爲今日不大振者，實由乏弘毅之先覺者以啓發之、指導之」，因而他不懼任重道遠，決心以民眾先鋒爲己任，不辭艱困、打擊，努力奮鬥去做一位弘毅之士。

他曾舉孔子周遊列國，從事社會啓蒙工作，終身不卸其政治理想及實踐儒家精神；以及孟子雖與以卿相不爲的態度，但其匡正政治的信念及從事教育的精神，於〈論先覺者之天職〉一文寫道：「今日吾台人之處世恆有顧忌，不敢放言高論，恐招當局之注意，故社會每呈鬱鬱不振之氣，幾乎無政治上的活動。」

王敏川以台灣人「無社會之自覺，作事則趨於個人方面，而缺協同一致之精神，故犧牲於公共事業者絕少」，終於自己站了起來，走向政治社會運動這一條不歸路。

散播文化　領導青年

一九二三年四月十五日，《台灣民報》創刊，王敏川擔任幹事。民報雖在東京發行，讀者群則放眼台灣，於是在台推廣業務，吸收訂戶，以擴大發行網

是爲重大方針。四月底，報社發行人黃呈聰和王敏川連袂返台，「宣傳民報的使命，並勸募讀者。」他們在全島各地舉辦巡迴講演會，所講內容以喚醒民眾民族意識和抨擊統治階級暴虐爲主，受到熱烈歡迎，因而促使台灣文化協會體認舉辦講演會的功效。

台灣文化協會積極推展活動時，身爲理事的王敏川雖要處理《台灣民報》台灣支局的煩雜發行業務，但他仍舊努力投效運動。一九二三年八月，王敏川和蔣渭水、蔡式穀等人在台

● 王敏川（右三）和彰化同志合影，右起賴和、吳石麟、王敏川、施至善、詹椿柏、李中慶。時人稱王敏川和賴和、施至善三人為「彰化三枝柱」。

北組織「台北青年會」，由他專司其職。爲了慶祝成立大會，王敏川還編導了一部話劇，蔣渭水夫人陳甜也飾了一角。

台北青年會標榜「地方文化向上，鼓勵體育」，以話劇和講演推展反日活動，終遭禁止。之後他們又組織台北讀書會、台北體育會繼續運作。

台北讀書會的會員就是台北青年會的原班人馬，他們研討社會問題以及當代各種主義思潮，做爲擬定對抗日本殖民當局統治的理論思考。讀書會的活動，蔣渭水和王敏川每夜必到。

治警遭難　無罪開釋

當台灣議會設置請願運動決定組織政治結社來推展時，引起日本官憲的注目，刻意製造了一九二三年十二月十六日的「治警事件」，將全島台灣議會期成同盟會相關人士加以傳訊、拘押、審訊，王敏川也遭受牢獄之災。

蔣渭水在〈送王君入監獄序〉中，有一段引述了王敏川的話：

王之言曰：人之稱凡俗夫者，我知者矣。利權求於官，名聲臭於時，走於衙門，諂媚百官，而佐桀為

一九二三年的治警事件，受難同志以「正義之章」來抗議殖民政府的「不義」。王敏川後來雖被判無罪，但他也是治警事件的受難正義之士。

虐；其在外則樹狗黨，飼爪牙，使其亂吠，愚者盲從，傭用之人，各助其非。……吾非受此而難求，是不義焉，不屑貪而致也。……與其有譽於官，孰若無毀於民，與其有財於聲，孰若無害於身。官飯不食，紳士不為，藝妲不嫖，酒肉不革，大丈夫為民請命之所為也。

王敏川在台北監獄以打坐、讀中國哲學史來排遣鐵窗時光，在未決拘留期間以「爲語親朋莫惆悵，獄中儘好度新年」的寄懷留下幾首不朽的獄中文學〈獄中雜詠〉，詩句中有如此慷慨悲歌之句：

莫笑書生受奇禍，民權振起義堪尊。
且喜平生多曠達，不將得失作悲歡。
士到窮時心愈定，不因困苦把愁生。
人生求學終何用，祇在修身與濟時。

「治警事件」第一審，王敏川被判刑三個月；一九二四年十月第二審，以無罪開釋。獲自由身後，他回《台灣民報》上班，其言論仍以社會教育、提升文化、婦女自覺爲主。王敏川寄望喚醒台灣人自覺，不再是殖民地的「土著民」！

一九二五年，台北警察署對文化講演的取締愈來愈苛酷，主持人蔣渭水於是請王敏川講解《論語》，以避開無謂的「中止警告」。王敏川連續講了一個多月的《論語》，民眾不畏風寒，每每造成滿堂無立錐之地。

教育文化　事事關心

王敏川於〈公學校教育改善論〉，曾就公（小）學教育根本改革，說明他的希望：

一、首重義務教育，若辦不到，就增設學校，增加學級；二、重教員人物；三、教科（註：教育科目）內容增進；四、國語（註：日語）科專用國語教授，其餘學科四年以下用台語教授；五、教授方法用啓發，不可用注入式；六、漢文科在來（註：原來）屬隨意科的，今望改為必修科。

從王敏川發表的〈台灣教育問題管見〉〈書房教育革新論〉〈公學校教育改善論〉〈論立憲的教育〉〈論社會教育〉〈怎樣是眞正的學者呢？〉〈獎勵漢文的普及〉等論述，知道他所說的教育革新，「大部分屬當局之責任，而吾同胞亦應有相當自覺努力也。」

王敏川且以「吾人於此時，若徒歸罪子時勢，委命于當局，不肯下決心，共謀文化之興，是與衣食奔走之夫，醒生夢死之徒無以異，豈不虛生天地間哉」，殷切推行「社會教育」，呼籲利用通俗之講演會、新聞雜誌之經營、圖書館之設置、獎學團之設立來啓蒙民眾的文化水準。

王敏川還對從事文化運動者提出建議：

一、不能忘掉科學方法，需將自然科學來向島內獎勵培養；二、發揮宗教的好處，才可把宗教自身的迷信去掉，也才能喚醒一般人的迷夢；三、養成獨立

的人格，才得有自由的思想，發展文化的能力，平等受治的制度；四、協力改造文學、美術，重視文化創造的精神；五、以公共心的發達來改造社會。

更難能可貴的是，王敏川在一九二〇年代初即開始關注台灣婦女問題，先後發表〈女子教育論〉〈希望女子教育的普及〉〈結婚問題發端〉〈婦人的自覺〉〈希望智識階級婦女的奮起〉〈對於廢娼問題的管見〉〈日

一九二七年，王敏川（前排坐者左八）參加「新竹有志」主辦的「第二回全島雄辯大會」，他以指導者的身分列席，並留下此紀念照。

本婦女參政的活躍〉等系列文章。他認爲女性需要拋棄因襲的固陋思想，能夠自覺，不可「只曉循守舊道德，幽居內房，不敢唱一聲反對，仍竭阿諛婉嬌的妙技，和盡妊娠哺育的要務，終世謹慎，完其所謂淑德」。

領導文協　堅持理念

台灣文化協會後來因爲意識問題，發生了激進派與穩健派之爭，亦即所謂左右相爭，王敏川和連溫卿是屬於激進派的改革分子。

一九二七年一月三日，台灣文化協會在台中公會堂舉行臨時大會，連溫卿等四十餘名無產青年奪權，發生了內訌，以致公開分裂。舊幹部林獻堂、蔡培火、蔣渭水相繼退出，「文協」被少壯派的新幹部把持；王敏川當選爲中央委員，成爲「新文協」的主要幹部。他在中委會當選組織部主務兼教育部部員。

新文協初期由連溫卿主

一九二九年九月，王敏川（前排中）與台灣文化協會南隊同志合影。分裂後的「文協」雖「有氣無力」，但王敏川仍不放棄其理想和理念。

導，致使「向來以從事民族主義文化啓蒙運動的台灣文化協會，一變而成爲階級鬥爭的團體」。畢業於有「社會主義的大本營」之稱的日本早稻田大學的王敏川，則有從中國上海留學返台的「上大派」（上海大學派）無產青年的支持，這批人是後來台共主要分子蔡孝乾、翁澤生、洪朝宗、王萬得、潘欽信、莊春火、周天啓等人。

新文協成立後，王敏川等爲表示與文協舊幹部劃分界線，與鄭明祿、王萬得一起退出《台灣民報》，而由新文協集資，於一九二八年三月二十五日創辦「大眾時報社公司」，王敏川膺任董事。他和洪石柱、吳石麟到東京籌備發行事宜，並於五月七日發行創刊號。《大眾時報》因台灣總督府的阻撓，終在一九二八年七月九日出版第十期後被迫停刊。

新文協發動好幾次激烈的鬥爭事件，與殖民政府抗爭，例如新竹事件（一九二七年十一月三日）、台南墓地事件（一九二八年六月十三日）、台中師範事件（一九二八年十一月九日）、台中一中事件（一九二七年五月）。身爲「白面書生」的王敏川，在群眾運動中「打死無退」，致使他遭受多次的縲絏之災，牢獄生活使他的身體愈來愈糟，戰鬥力卻愈來愈高昂。

後來，王敏川在新文協的地位漸漸凌駕連溫卿，最後在農民組合策動下，連溫卿遭到開除。

王敏川取代遵循日共山川均路線的連溫卿後，其在新文協的地位扶搖直上，從財政部及青年部長升任幹部中央委員長兼財政部長，對新文協的整合費盡心力。當時內部的一些台共分子認爲「文協」如果要採取政黨路線，應該予以解散，才能符合政治運作目的，以免阻礙了無產階級的成長與發展，於是有人提出了「文協解散論」。王敏川獨排眾議，堅持「文協」應做爲「小市民的

大眾團體」而繼續存在。在如此困局下，王敏川始終堅持理念，與日本殖民政府周旋抗爭。

聲援台共遭受判刑

一九三一年元月五日，新文協在彰化召開第四次全島代表大會，出席代表僅七十七人；在警察監視下，選舉王敏川為中央委員長兼財政部長。會中議決行動綱領為「集合無產大眾，參加大眾運動，以期

● 王敏川（主持會議者）在「彰化座」主持新文協會議，議場上懸有「台灣解放運動萬歲」「打倒地方自治聯盟」「打倒台灣民眾黨」等標語。他在民族運動「內鬥」的困局中，始終堅持不懈的精神。

獲得政治的、經濟的及社會的自由」，最後還高呼「台灣解放運動萬歲！」

新當選的中常委鄭明祿、王萬得、吳石麟等人，曾在豐原張信義宅中秘密集會，決議支持台灣共產黨。

一九三一年，當局於二月十八日強令解散蔣渭水領導的台灣民眾黨，六月以後開始檢舉台共分子。八月九日，簡吉在台中召開「台灣赤色救援會」籌備會，王敏川率新文協十餘位中央委員聲援，以致遭到檢束，十二月被捕入獄。

王敏川，這位台灣文化協會最資深的幹部，也是末代的委員長，因本案被處四年徒刑，不過判決書仍載明他是「非黨員」，也就是說他並不是台共分子。

四年刑期，加上未審前的留置，王敏川實際坐了六年黑牢；羈押中非人道的折磨使他未老先衰。出獄後，他「語言低沈，走路無力，兩眼俯垂」，一身貧病。一九四〇年，他寫了一首偶感詩，可證彼時的心境：「病後懶交際，老來乏遠遊，圍碁研勝局，玩水愛清流。」晚年雖吟「更留癡態在，書卷當良儔」之詠，但終於在一九四二年九月二日抑鬱以終。

忠烈凜然　含冤未白

王敏川「從溫厚的紳士鍊成做最勇敢的革命鬥士」（楊雲萍語），甚至主張階級鬥爭，最後欲與台共合作，這是時空環境的必然性。當代所謂的階級鬥爭，其實即爲台灣被剝削的勞工對日本資本的抗爭。同情台灣人反抗運動的日本學者矢內原忠雄即有如此的解釋：「就大體而言，民族運動即階級運動，階級運動即民族運動，兩者的相互結合比較多於兩者的互相排斥；這是殖民地社會的特徵使然。」王敏川一生所抗爭的對象是日本資本主義和其在台所推行的殖民政策，因此無疑的，他是一位「爲民請命」的抗日先烈。

戰後，王敏川以「忠烈凜然，足資矜式，應予褒揚」，於一九五一年四月與賴和列爲忠貞人士，被表揚並入祀原籍忠烈祠。然而，一九五八年九月因遭人檢舉，被通知「遵令將故台共匪幹王敏川、賴和之忠烈祠牌位撤除」。在官方所謂「以明忠奸」下，王敏川、賴和莫名其妙地被逐出忠烈祠。

「台灣新文學之父」賴和的冤屈在各界學者的呼籲下，終於在一九八四年獲得平反，重新入祀忠烈祠，而王敏川卻一直含冤未白。雖然有識人士爲他的平反努力不懈，更於一九八七年他的百年紀念日前後舉辦有關王敏川學術講演會，以及出版《王敏川選集》，然而爲其平反的陳情案卻始終沒有下文。其實王敏川能否「歸位」忠烈祠，並無損及他在台灣非武裝抗日史中的地位，因爲他的「牌位」已嵌進了歷史的長廊！

王敏川軼事

●奠念獄中人

王敏川因「台南墓地事件」，被視爲有藏匿人犯之嫌入獄台南刑務所，一九二九年五月三十一日被保釋出獄，坐了九個月牢。牢中沒有理髮，因此「頭髮長到頸下，和西洋的文豪與日本的藝術家一樣」。

記者問王敏川在獄中身心的感受，他說：

入獄一事，是社會運動的人們時常要覺悟的。況且在獄中得以多讀些平常無暇可讀的書，也算是不壞的機會。唯耳聽那不認識字的未決囚，其一種無事苦的嘆息、喊叫，著實配（值）得同情。

一九三一年，日本殖民當局檢舉台共，「非黨員」的王敏川也被波及，被判處四年徒刑，加上未審前的留置，又坐了六載黑牢。他的兒子去探監時，他寫了〈喜兒子面會〉一詩：

五載懷離意，寒朝獨訪親；笑余多白髮，喜汝正青春。
萬卷須精讀，寸陰好自珍；寄信謝諸友，莫念獄中人。

●彰化「市仔尾」的賬爺短爺

台灣文化協會的最後委員長王敏川，是文化講演的首創人之一。一九二三年五月，他與黃呈聰以《台灣民報》記者身分返台，歷訪全台各地勸募訂戶，順便做巡迴演講，反應甚佳，而開啓了台灣文化協會舉辦文化講演的密集出擊。

王敏川成了「公眾人物」後，他一走到彰化街上，民眾大都會喊叫：「紅面爺，來啦！」

「紅面爺」王敏川，身高不到一六〇公分，因此又有「短仔爺」的稱號。他在彰化第一公學校擔任教職時，常和身高一七八公分的施至善走在一起，因此市仔尾厝邊隔壁，每一個人都稱他倆爲「賬爺短爺」（七爺八爺）。

王敏川年表

年份	年齡	事蹟
1887	01歲	三月二十二日出生於彰化街。
1897	09歲	台灣淪日。
1909	23歲	國語學校畢業，任教彰化第一公學校。
1919	33歲	留學日本，念早稻田大學政治經濟科。
1920	34歲	參加「新民會」。擔任《台灣青年》雜誌編輯。
1922	36歲	獲日本早稻田大學學士學位。
1923	37歲	《台灣民報》創刊，擔任幹事。返台勸募讀者，參加「台北青年會」「治警事件」被捕，囚於台北監獄。
1925	39歲	文化演講，講解《論語》達一個多月。
1927	41歲	《新文協》成立，當選中央委員。
1928	42歲	《大眾時報》創刊，膺任董事。
1931	45歲	「新文協」於彰化召開第四次全島代表大會，被選舉爲中央委員長兼財政部長。聲援「台灣赤色救援會」籌備會被捕入獄，坐六年黑牢。
1942	56歲	九月二日病逝，享年五十四歲。

爲台灣醫學奉獻一生

杜聰明

（1893～1986）

【語錄】

●「樂學至上，研究第一。」

【評價】

●「杜博士是永遠發其無窮光輝於蓬萊寶島夜空的南十字星。」——葉炳輝

學醫的杜聰明走出校門，沒有「行醫」賺錢，他選擇基礎醫學研究，進入台灣總督府中央研究所。獲得博士學位後，再走回校園執教。此圖為一九三〇年代「三線路」（今中山南路）上的中央研究所。

台灣第一位博士杜聰明，號思牧，一八九三年八月二十五日誕生於滬尾（淡水）大屯山麓百力戛腳的農家。雙親都是「小粒子」身材，他小時候有此遺傳，也是瘦小的個子。

九歲時，杜聰明在長兄杜生財位於車埕店仔口所開設的私塾啓蒙，接受長兄嚴厲教導，從《三字經》念到《四書》，打下扎實的漢文基礎。

十一歲進入滬尾公學校（後來改稱淡水公學校）。四年級時，日本人小竹德吉被指派擔任校長；這位三十歲的年輕校長是一名單身漢，生活嚴謹、不慕名利，是實事求是的教育家，滬尾公學校在他的苦心經營下，成爲當時台灣的模範學校。小竹見杜聰明短小精幹，十分欣賞他勤儉、奮發、果決的精神，要他住進校長公館，幫助其料理家務，並視杜聰明如己出，極力栽培，杜聰明受其薰陶甚大。小竹德吉後來被調升到廈門創設旭瀛書院。

進入醫學　成績前茅

一九〇九年，杜聰明以第一名自小學畢業。當時小學畢業生再深造，只有三所學校可供選擇：一是台灣總督府醫學校（五學年），二是台灣總督府國語學校（分爲國語部及師範部各四學年），三是台灣總督府農事試驗場（二學年）；其中以醫學校最令人嚮往，入學考試競爭也最激烈。滬尾公學校從沒有人敲開這扇「窄門」，杜聰明不負眾望，終於創了紀錄，考取鄉人進不了的「最高學府」。不過，杜聰明雖然勇奪榜首，卻幾乎面臨被拒入學的命運，原因是體格檢查被評定爲「丙下」。校務會議上，多數教師以杜聰明學科考試第一名，但弱小的身體難以承受未來繁重的課業，主張將他剔除於榜外。當時校長高木友枝因公赴歐，由台北醫院院長野純藏代理校長，在爭論中，野純藏獨排眾議，認爲杜聰明筆試能得如此高分，貿然除名殊爲可惜，不妨讓他入學試一試，較爲妥當；身體是可以鍛鍊的，也許將來會變得強壯。

十七歲的杜聰明遇到貴人，終於獲准入學。天資聰穎加上努力不懈，醫學校預科一年，本科四年，他的成績始終名列前茅。難能可貴的是，進入醫學校後，他即勤加鍛鍊身體，每天定期做徒手體操、棍棒體操、練習單槓，並洗冷水浴。體育老師感念他勤奮不懈的精神，給他體育成績八十五或九十的高分。杜聰明持之以恆，直到耄耋之年，從不間斷棍棒體操與冷水浴。他在晚年曾自豪地說：「我雖然外觀是這麼瘦，但是學生時代的體育成績常是九十分的。現在嗎？假如當時的體育老師加藤牛藏還在，而看到我這樣體操，一定會打一百分的，因為守著老師的教訓，繼續了五十年，一日也不間斷。這種好學生，他

杜聰明進醫校前的照片，那時他的腦袋瓜還留著一條小辮子。一個小學生習醫，雖是一大挑戰，但他一向具有苦幹實幹的精神，難怪「學有所成」。

在全世界上能找到第二個嗎？」

關心革命　潛心研究

杜聰明在醫學校二年級之前，仍然留著前清的「遺物」——辮子，後來爲了響應大稻埕區長黃玉階倡導的風俗改良運動，組織天然足會（解放纏足）及斷髮會，才將腦袋瓜後的辮子剪掉。

他在醫學校求學時，即關切中國命運，和蔣渭水、翁俊明、蘇樵山、曾慶福、王兆培等同學經常聚會商討如何聲援中國革命運動，並且募款寄往大陸，捐獻革命資金。

據杜聰明的後來的自述，他曾在學生時代有當「革命志士」的行動；袁世凱圖謀當皇帝，欲變更中華民國國體的消息傳來，這些台灣熱血青年恨怒不平，一致決議非置袁世凱於死地不可，並推舉杜聰明和同班同學翁俊明擔負「刺客」的任務。募集旅費後，他們倉促成行赴北京，欲以霍亂病原菌投入水源，暗算做皇帝夢的袁世凱，可惜計畫並不周詳，任務未能成功。

杜聰明十分嚮往威爾候、巴斯德、柯霍、野口英世等當代細菌學家和病理學家在醫學史上的豐功偉績，也立志要在這方面有突破性的研究，因此醫學校本科二年級時，便向細菌學教授堀內次雄校長提出申請，准他到台灣總督府研究所細菌學研究室學習。

一九一四年四月十五日，杜聰明以第一名成績畢業於台灣總督府醫學校，是該校第十三屆畢業生，同屆有賴和、翁俊明等人。

他的優異成績原可以進入日本赤（紅）十字社台灣支部醫院，擔任月給（月薪）十五圓高薪的醫員，然而他獨衷基礎醫學研究，放棄了此機會，也捨

棄了以後懸壺發財的打算，選擇進入台灣總督府研究所，充當基層雇員，繼續追隨堀內次雄教授，潛心於細菌學研究。後來，因爲日本北里寄生蟲學教授小泉舟奉命來台，他的研究室急需一位助理研究員，徵得堀內教授同意，將杜聰明挖角過去。

杜聰明選擇留在學術機構做研究，可以說是循著自己的人生規劃，他不做「病人的醫生」，而是立志做「醫生的老師」。

他在研究室工作將近一年，覺得有必要再吸取更高深的學問，乃決意赴日留學。他向堀內校長說明後，堀內表示可以爲他爭取醫學校給與的公費；然而杜聰明以領取公費，將來必有契約束縛，乃辭謝校長的好意，自費留學。

名登博士　台灣第一

一九一五年，杜聰明負笈日本，考進京都帝國大學醫學部，首先在賀屋教授指導下研究內科，後轉往森島庫太教授研究室鑽研藥理學。

杜聰明在日本京都充當異鄉人期間，由於是自費留學，不得不量入爲出，能省則省。由於日本人在習俗上不吃豬內臟和雞頭，所以價格特別低廉，十錢買個豬肝就附送一個豬心，雞頭也是二、三十個一堆賤賣，這些廉價品幾乎成了他的「主食」。杜聰明為了怕日本人笑話，都佯裝是替學校採購，以備實驗所用，不敢說是買回去打牙祭。

京都帝國大學就學期間，杜聰明的實驗工作十分順遂，因教授和研究員都盡心盡力做學術討論，無種族偏見和歧視。

杜聰明可能獲得醫學博士的消息傳到台灣時，堀內校長十分高興，認為這是台灣總督府醫學校的至高榮譽，乃決定任命他為母校的講師，並且「由同日起給與薪俸。唯為繼續研究方便著想，准其以在外研究員名義，於一年間在京都完成論文。」

一九二一年十月二十一日，杜聰明受任為台灣總督府醫學專門學校助教授兼台灣總督府中央研究所技師，敘高等官七等，返台赴任。他是台灣人擔任高等官的第三人；前兩人為台南高等商業學校教授林茂生、台灣總督府翻譯官蔡伯毅。當時台北士紳辜顯榮、林熊徵、顏雲年、王慶忠發起祝賀會，在江山樓設宴歡迎江聰明，令他感覺有「宛如歡迎凱旋將軍之狀況矣」。

留日時期，攻讀博士學位的杜聰明。他深知在學業上更上一層，無異於為台灣同胞爭氣，而且書中自有顏如玉，他終於獲得學位，也娶了嬌妻。

一九二一年十一月五日，杜聰明向京都帝國大學提出醫學博士學位論文申請，論文題目是〈論不同藥物對藜蘆鹼之肌肉作用的影響〉。翌年四月一日，杜聰明升任台灣總督府醫學專門學校教授；同年十一月二十日，京都帝國大學醫學部教授會通過其論文審查。

一九二二年十二月十六日，正式授與醫學博士證書，杜聰明成爲日本明治維新以來第九五五號醫學博士，是「日本人以外外地及外國人授與醫學博士」的第一人、台灣第一位醫學博士，也是台灣第一位博士。當時台灣報紙都報導此一盛事。台北士紳除了又發起祝賀會外，他的母校醫專、淡水公學校也盛大慶祝。杜聰明說：「宛如歡迎狀元之感覺，衷心感謝全島人士之民族的意氣。」日本殖民政府也有沾光的感覺，發出了「台灣產生博士，是日本對台灣的政治成功的證明」之類的宣傳字句。

杜聰明獲得博士學位之前有一段小插曲。二十五歲那年，他和許多台灣留學生利用暑假返鄉探親，於神戶港搭船，在開航之夜的懇親會中，他邂逅了阿罩霧（霧峰）名門閨秀林雙隨，一見鍾情之下，有非伊不娶之志。除了展開追求行動，還央請好友蔡培火到霧峰林家提親。林雙隨的父親林仲衡認爲這門親事「門不當，戶不對」，林家是霧峰望族，而杜聰明只是北部大屯山麓的農家子弟，怎有資格高攀？但是他的坦誠和堅定意志感動了林父，於是林仲衡訂了幾個條件，除非杜聰明能夠一一達成，否則得打消娶他掌上明珠的念頭。這些條件是：一、任高等官；二、獲得博士；三、能作詩；四、聘金五千圓。

杜聰明博士論文提出後，博士學位已如探囊取物，聲望日隆。林仲衡知道杜聰明未來必然前途無量，足以做其乘龍快婿，於是放寬條件，首肯將愛女託付於他。

杜聰明三十而立。一九二二年，三十歲的他和二十二歲的霧峰林家千金結婚，林家答應此門親事，條件之一是杜聰明要有博士學位。

一九二二年五月二十日，杜聰明與東京青山高等女子學校畢業的林雙隨在台北市舉行基督教式結婚典禮。那年，新郎三十歲，新娘二十二歲，在當時算是高齡的新郎、新娘。

研究鴉片　毒癮更生

一九二五年年底，杜聰明以台灣總督府在外研究員資格赴歐考察深造，臨行之前，蒙台灣總督伊澤特別召見嘉勉。

杜聰明兩年四個月的歐美留學，收穫良多，除了在美國賓州大學研習藥理

和病理學，還在英、德、法等國從事研究、發表論著。

他自歐洲返台後，積極致力於鴉片中生物鹼的藥理研究。一九二九年四月受台灣總督府專賣局囑託，提出關於鴉片菸膏及鴉片副產物之性質及反應等之實驗報告，並前往朝鮮、滿州及上海做菸毒調查；同年八月提出報告，並呈上在台灣須創設鴉片癮治療醫院的建議書。

● 更生院是鴉片癮者的「更生」醫院，杜聰明也在院內舉辦護士的培養教育。他深知台灣醫療網少不了這些女性的醫護尖兵。此照拍攝於一九三二年。

杜聰明先於施乾在萬華主持的乞丐收容所「愛愛寮」成立醫務室，開始實驗戒除鴉片癮的新療法，頗有成效。

原先台灣總督府因生產鴉片專賣有可觀財政收入，不採取對鴉片癮者做全部矯正措施。一九二九年（昭和四年），鴉片令改正以後，對原來的特許者及密吸食者施行全島總檢查，強制矯正與治療，而國際聯盟第三十四回理事會亦決議派員調查遠東的鴉片抽吸實情，因此乃有一九三〇年一月十五日「台灣總督府台北更生院」的成立。

更生院由總督府衛生課技師下條久馬一擔任院長，杜聰明出任醫局長；其實院務的運作及管理全由杜聰明一人負責。

杜聰明以「漸減法」矯正吸食鴉片和打嗎啡患者的毒癮，並發明一種微量嗎啡成

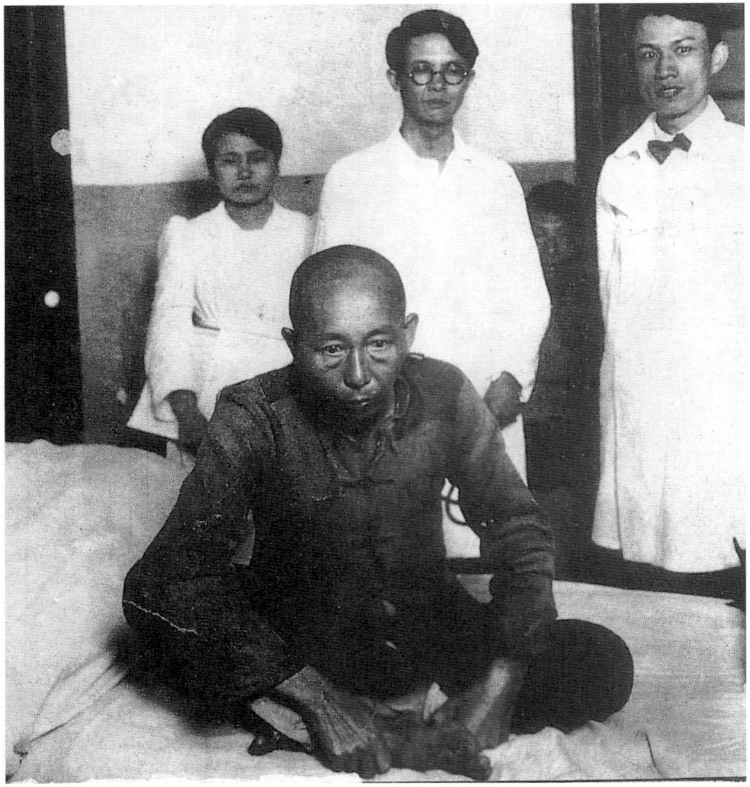

杜聰明（站者右二）發明「漸減法」來矯正吸毒患者的惡習。他是鴉片痛苦的救星，他的鴉片研究成績享譽國際，此圖為他主持「更生院」時，為毒癮者治療的照片。

分的定性定量檢查方法，從尿液中即可檢查是否有吸毒習慣。此發明是醫界的創舉，後來並被世界各國普遍採用。更生院前後維持了十七年，共矯治一萬一千七百四十九名患者，至一九四六年八月完成了全部癮者的治療工作。

毒蛇權威 探究漢醫

杜聰明雖然接受西方醫學教育，但他十分重視本土醫學資源

● 杜聰明（左二）研究鴉片和蛇毒，是學術界公認的「龍頭」，他發表了百篇以上的蛇毒研究論文。照片是他親向日本學者講說台灣的毒蛇生態。

的研究，認爲研究熱帶疾病是必需且急切的。台灣地處亞熱帶，濕熱的天然環境使繁衍的蛇類多達五十一種，其中毒蛇就有十五種。他自一九三七年台北帝國大學藥理學教室成立後，即從事蛇毒藥物及毒物學研究，發現蛇毒大致可分爲出血毒與神經毒。神經毒素的作用類似嗎啡與古柯鹼，將其製成注射液可以取代鴉片、嗎啡，又可避免成癮之虞。杜聰明光是對台灣毒蛇研究，就發表了百餘篇的論文，是國際學界難得的「毒蛇專家」。

身爲一位西方醫學的研究者，一九二八年，他於《台灣民報》發表了連載三十一期的〈關於漢醫學研究方法之考察〉長篇論文。他除了長年蒐集研究中醫之醫學史、藥理學及治療學

杜聰明（左五）和藥學研究室團隊的醫學研究成績蜚聲國際。右三為化工博士李超然。

之資料，還曾親往華南、華中、華北、東北，甚至韓國、日本等地考察藥材之產地、品質、產量，以及藥商之組織和交易等。

在對中藥的研究中，他發現從木瓜葉抽取有效成分Carpain，可以做爲赤痢的特效藥，代替當時市面奇缺的藥品Emetin，於二次大戰期間治癒不少病患。

杜聰明曾多次向台北帝國大學提出建議，呼籲附設中醫研究機構，可惜未被採納。

一九三〇年，杜聰明、施江南、朱江淮、王超英、楊慶豐等留學日本，在理工科、醫科等專門學校以上畢業者二十餘人，鑒於台灣總督府採取教育差別政策，使內地人（日本人）懷有優越感，台灣青年如不團結奮發，必淪爲「次等國民」，於是創設「台灣理工學會」，一方面連絡感情、切磋專門智識，一方面鼓勵後輩進修理工科系統之學科，並斡旋後輩之就業爲宗旨。台灣理工學會在戰後改稱爲台灣省科學振興會，杜聰明膺選爲會長，是終戰後台灣第一個人民團體。

執教帝大　不爲皇民

一九三七年二月六日，杜聰明受任爲台北帝國大學（今台灣大學前身）教授，負責藥理學講座；七月一日陞敘高等官二等，亦即敕任官（簡任級）；八月，因對鴉片癮及嗎啡類慢性中毒之統計及實驗研究，榮獲日本學術協會賞；九月敘五等瑞寶勳章。

一九四〇年八月十五日，日本政府賞勳局授與杜聰明紀元二千六百年祝典紀念章。一九四二年七月三日，陞敘高等官一等，是台灣人在日據時代「任官最高位」。一九四五年四月一日，受命擔任台灣總督府評議會員。

戰時，殖民政府推行皇民化運動。一九四〇年二月，杜聰明被推舉爲「國（日）語家庭」代表致辭，然而他託辭不去；依規定，國語家庭要廢止台灣式「公媽龕」（祖先祭祀牌），他堅持不廢。一九四一年七月，「皇民奉公會」派他擔任台北州生活部長，有意要他改用日本姓名，他也決心「杜聰明」三字不變。一九四四年八月十五日，戰事正熾，杜聰明前往上海主持愛女淑純與林衡道的結婚典禮，上海友人勸他不要回台灣，以避戰禍，但他以身爲台北帝大教授，理應不避危險回台灣護產。從以上事實，可知杜聰明是一位民族意識強烈、責任心很重的學者。

杜聰明學而優則仕，五十歲那年，陞敘高等官一等，是日本殖民政府體制內授予台灣人的最高官階。

投效政界　敘職封官

日本投降後不久，國民政府派行政長官陳儀接掌台灣省政，杜聰明親往台北松山機場迎接。當晚聽陳儀在電台廣播訓詞，提及他們今後推行省政是要認眞爲民服務，不要揩油，受日本教育的杜聰明就是不懂什麼叫「揩油」。

十月二十五日，杜聰明以「人民代表」身分出席在台北市公會堂（今中山堂）舉行的台灣省日本投降簽字典禮。隨之，受陳儀聘爲台灣省台北大學（即台北帝國大學，後改國立台灣大學）校務委員會常務委員，擔任協助醫學部、附屬醫院熱帶醫學研究所等接收工作。

一九四五年十二月一

● 戰後，杜聰明擔任台大醫院院長，他建立了「台灣人的台大醫院」聲譽。此圖為日治時代的台北醫院，亦即後來的台灣大學附設醫院。

日，正式受聘爲國立台灣大學醫學院院長兼第一附屬醫院院長、熱帶醫學研究所所長。

杜聰明畢竟是日據時代的台灣菁英，此後一連串的職務都集中在他身上。一九四六年二月，他被推選爲台灣醫學會會長；四月當選台灣省科學振興會理事長；十月參加台灣憲政協進會，當選爲理事……。大家似乎認爲能者多勞是應該的，何況在那青黃不接的年頭，更需要他這樣博士級的人物。

一九四六年九月，杜聰明當選國民參政會參政員，是當時最高的民意代表。

一九四七年二二八事件發生，長官公署發布戒嚴令；杜聰明認爲：「當時光復未幾，我們本省人想戒嚴能……保護人民，維持治安。」但是聽黃朝琴議長說：「國內情形，戒嚴時，軍隊是可以殺人的。」他才知事態嚴重。從大陸調派來的軍隊自基隆登陸來到醫學院時，要用基礎學室爲臨時指揮處，杜聰明以各教室有重要儀器，不便給軍部使用加以回絕。

後來，台灣名士林茂生、陳炘、施江南、阮朝日、林旭屏等先後失蹤，杜聰明得知自己也被列入逮捕的黑名單內，十分緊張。爲了自身安全，不敢回家過夜，躲入台北市懷寧街林正霖家避難，且將日本友人佐佐木舜一被遣送返日時所贈送一把名貴武士刀埋在庭園內，以免有私藏武器之嫌。

白崇禧奉命來台調查二二八事件，任務完成要回去時，杜聰明參加送行會，他對白將軍說，一九一六年，他即參加中華革命黨，擁有當時塡發的黨證，是資深國民黨黨員；自覺說出早年也曾從事革命的身分，此後必然「安得很」！

然而白崇禧走後，當局又繼續捉人，杜聰明嚇壞了，避走楊景山的宿舍，待事件平息後始返家中。

台灣省政府成立後，魏道明出任省政府主席；四月，杜聰明被指派爲省府委員，他的感觸是：「不是歡喜有地位，反是歡喜能除去關於二二八事件之不安，無犯法身分獲得保證。」他的省政府委員職務做到一九五四年六月，歷任魏道明、陳誠、吳國禎、俞鴻鈞四任主席。

維護學術　作爲超然

一九四八年十二月七日，台灣大學校長莊長恭離台，時值國民政府在江南告警、共軍迫進下，但還是發表傅斯年接掌台大。傅斯年在翌年元月十九日始到達台灣，次日履新。在新任校長還未交接的期間，由醫學院院長杜聰明代理了四十幾天校長。

杜聰明主持台灣最高學府的校務時間雖然不長，但眞有巧婦難爲無米之炊之感；因爲當時大學經費很少，在「甚至沒有錢買茶葉」的窘況下，杜聰明出面向台灣銀行商議借貸，該行總經理批准了舊台幣九千萬元的貸款，杜聰明還運用了其中的二千萬做爲台灣醫學會的維持經費。

一九四九年，國民政府實行幣制改革，舊台幣四萬元折換新台幣一元，台大的這筆借款因以新台幣償還，賺得不少差額；他常津津樂道這件「借錢竟能賺錢」的事。

日據時代，台灣沒有齒科學校及藥學校；杜聰明接掌台大醫學院後，幾次提出計畫書，積極爭取設立牙醫學系及藥學系。雖然任內未能看到招生，但他的提案於一九五三年通過，並編列預算。此兩學系之增設，實是他的功勞。

戰後初期，教育經費短絀，台大校務推動常有捉襟見肘之感。有人建議出

售仁愛路邊校地，杜聰明馬上否決。他說沒有經費，還有可能申請到補助，土地一旦售出則一去不回了。那時「美援機構」農業復興委員會要蓋辦公大樓，派員商借地皮，條件是光復大陸後，建築物可以無條件奉送給醫學院，同仁都心動表示贊同，只有杜聰明持反對意見，不願其他機關侵入校園，干擾師生。農復會的復興大樓後來建於南海路，原因在此。

杜聰明對台大醫學院的學術獨立政策十分堅持。國府遷台時，國防醫學院林可勝院長曾向他提議，可以仿抗戰時期之大學合辦方法，研擬國防醫學院與台大醫學院及附設醫院合併經營，杜聰明答稱：「我們兩位院長合併是沒有問題，但是兩所醫學院各有教職員，合併後，恐怕就複雜了，可能發生糾紛，所以本人絕對反對。」日後兩方各自發展，這也是杜聰明的遠見。

創辦高醫　苦心規劃

一九五三年七月二十一日，杜聰明離卸台大醫學院院長職務，那年他已六十一歲了，但仍接受私立台灣醫藥專科學校創設籌備委員會聘任，出任主任委員。

杜聰明在台大醫學院任內即決定增設藥學系，因政府缺乏預算，每年只能招收三十名學生，但當時台灣即有三千間藥房，藥劑師根本不敷分配，設立藥專即是他的心願。由於經費無著，辦校事宜一波三折；想不到陳啓川表示願捐出高雄一塊十甲水田做爲校址，於是他有辦藥專不如辦醫學院的重新思考，況且高雄還是熱帶醫學研究的發源地，因此有了在高雄創辦醫學院的構想。

杜聰明到教育部拜會張其昀部長，提出創設「高醫」的申請；當時他的心中有「一定會遇上刁難」的想法，因「張其昀是老國民黨幹部，本人以前雖有

入國民黨，但一九五一年改組時，沒有歸隊再入黨，是非國民黨員。」當時黨官相護情況嚴重，然而杜聰明卻沒有「碰壁」，反而順遂得很。張其昀不僅一口答應，還表示年中即可招生開學，並聘杜聰明爲教育部學術審議會常務委員。

杜聰明在「自台北往高雄單買一張火車票南下，沒有基金、沒有經費，有一塊校地而已」的情形下，進行創校事宜。

一九五四年十月十六日，私立高

杜聰明辭卸台大醫學院後，即往南部高雄籌辦醫學院。幾經波折，他的願望終於在南台灣實現了。此為一九六○年該校第一屆畢業典禮的紀念照。

雄醫學院借用高雄市三民區愛國國民學校的禮堂舉行開學典禮，六十名新生是從數百名應考者中脫穎而出。

遲至一九五六年八月十五日，教育部始以台(45)高字第九二二〇號令准予私立高雄醫學院立案；高雄第一所大學就在一面建校、一面教學下，慢慢步上正軌；首先是六年制醫科，後來再延長爲七年制。

杜聰明以私立高雄醫學院創辦人身分，自任院長並兼教授。他將在台大醫學院倡導的「樂學至上，研究第一」精神，移植到高雄醫學院來，並將在台大醫學院未竟之理想在高醫付諸實現。

一九五七年六月十七日，高雄醫學院附設醫院成立，聘邱賢添博士爲院長；同年九月增設牙醫學系（六年制）及藥學系（四年制）。

杜聰明爲求中西醫學一元化之實現，親自向高醫學生講授中醫學史、本草學發達史、中醫治療學總論、寒熱論及針灸學等。

他在高雄醫學院服務了十二年，功成身退，於一九七〇年九月十三日辭去院長職務，同年十月一日辦理移交。有謂：「私立高雄醫學院創設的功者很多，但如無杜聰明，則無高雄醫學院；關心私立高雄醫學院的人很多，但沒有一人比得上杜聰明關心。」

愛心仁術　魯殿靈光

杜聰明鑒於一般醫校學生畢業後只想在都市開業，不願下村服務，更不肯去山地貢獻所學，甚覺遺憾；於是他在一九五八年九月爭取台灣省政府民政局委託高雄醫學院創辦山地醫師醫學專修科，招收原住民高中及同等學歷青年，給與公費生待遇，讓他們接受較完整的醫療教育，返回山地爲族人服務；山地

● 台灣原住民生活在「無醫村」中，杜聰明為照顧他們的健康，乃在高醫設立山地醫師醫學專修科，培訓原住民醫師，讓他們返回山地為族人服務。

醫專有二期畢業生，這項政策可以說是政府推動原住民生活地區醫療保健的開始。

他生平津津樂道的另一件事是「做媒人」（當月下老人）。在一九七三年出版的《回憶錄》中，他詳列由他當介紹人或證婚人的一百九十六對「新人」名單，從第一號的一九二〇年十月十九日，新郎江景勤、新婦（娘）容金院，一直到第一九六號的一九七二年十一月二十五日，新郎翁文德、新娘蔡英

杜聰明的學術生涯，不僅留下許多不朽的研究，也留下了可觀的資料。他一向十分注意資料的蒐集、保管與留存，可惜未有紀念館典藏他的一生成果。

碧，其中還有兩代都由他當證婚人呢！

杜聰明撮合良緣外，還倡導「夫婦之哲學」，他說：「夫婦愛情可分為四階段：戀愛、心愛、傳愛、老愛是也。一、自相識起至結婚止稱為戀愛，互相交陪、熱烈相愛，不管環境如何希望結婚。二、結婚以後，進入家庭生活，同心一體，心心相印，感覺人生亦有這樣快樂乎。三、嗣後兒女出生為人父母，感覺有養育子女之責任，要傳後代，所以稱為傳愛。四、後來子女長大，獨立離開父母之膝下，殘留夫婦二人，互相同情、互相憐憫的老人生活，稱為老愛。」他將白居易的〈長恨歌〉更動了兩個字，稱之爲〈長愛歌〉：「在天願作比翼鳥，在地願為連理枝，天長地久有時盡，愛情綿綿無絕期。」

杜聰明一生從事醫學教育與研究，他的「台灣第一位博士」的成就已屬不凡，更值得大書特書的是，他直接指導了四十幾位博士學生；早在一九三三年，即造就了第一位弟子邱賢添，獲得日本京都帝國大學醫學部博士；還有名譽學界的李鎮源、宋瑞樓、錢煦、彭明聰等，也都是他的及門弟子。

七十高齡時，杜聰明自撰〈古稀感懷〉詩：

（一）

愛惜光陰不秒輕，一生樂學理求明；
雖無多少功存世，老馬長途盡力行。

（二）

七十年來此世生，青雲雄志半無成；
辛酸榮樂皆嘗過，只有丹心照夕情。

（三）

報恩父母健吾身，七十星霜盡苦辛；
松柏屯山欣並茂，孫枝十八茁芽新。

從這首詩中，不難得知這位醫學泰斗的篤實、毅力，以及寬廣的胸臆；他曾引法國細菌學者巴斯德所說三件事，隨時來反省自己：

一、我已受多少的教育。

二、我已對國家做多少事。

三、我對人類的進步及福祉已貢獻多少。

九十大壽時，他笑稱：

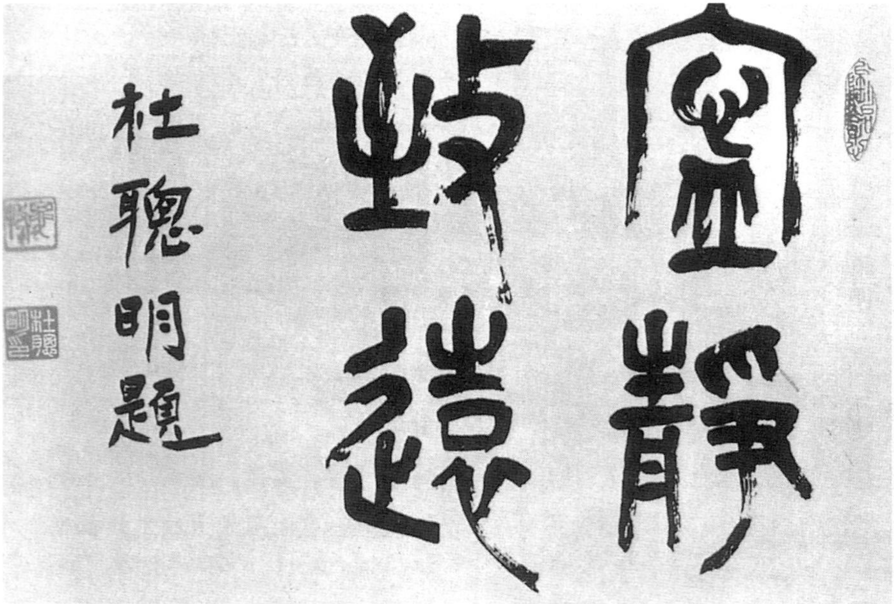

● 杜聰明以書法養身，他的門生、朋友常常向他索字。他還出版《書道學習錄》四輯，這幅字是「寧靜致遠」。

「我這一生都在教書，從未替人看診。但我教育出的學生有數千人，他們都在替我照顧病人，維護人們的健康。」甚至還表示直到人世間的最後一刻，自己還夠資格說：「我已盡我所能矣，而問心無愧，來促使台灣醫學界美好無限的發展。」

由於年少時體弱，杜聰明十分重視養身，徒手體操、揮棍棒、洗冷水浴、登山、游泳、書法，都是他鍛身鍊體的方法，而且持之以恆，晨操、冬泳從不間斷。他三十歲左右開始習臨書帖，每天練習四張，寫八十個大字，幾乎寫盡了各家法帖拓本，他的「書道」成了各方索求的對象，曾出版《書道學習錄》四輯。

他另有《杜聰明言論集》五輯、《中西醫學史略》《中醫藥學評論》等著作。

這位台灣醫學界人士尊稱爲「教授中的教授，名醫中的名醫，學者中的學者」，以及長年是台灣人的第一流人物，於一九八六年二月二十五日以九十四高齡壽終正寢。

杜聰明軼事

●藥學至上，研究第一

戰後，杜聰明接任台灣大學醫學院院長時，百廢待舉，經費困絀，例如每月基礎學教室研究經費預算才不過四、五百元，根本買不到五隻兔子可供實

驗。

面臨此一困局，杜聰明還是毅然提出「樂學至上，研究第一」八字，做爲師生的座右銘，一起共勉。他說：「研究是大學的生命。大學而無研究，等於屍體之無靈魂，故無研究之大學，不配稱爲大學。一個國家中能有幾個不斷在研究的大學，那國家便可臻於強盛。」

「樂學至上，研究第一」是杜聰明一生的座右銘。

有人說：「此時提倡樂學與研究，無異於向愛斯基摩人推銷冰箱一樣困難。」然而，杜聰明堅持原則，他懇切的向同仁說：「你們現在就開始研究罷！經費的問題，我可以負責。我在四十年間之研究生活中，是沒有一天因經費不足而停止過工作的。」

杜聰明年表

1893	01歲	八月二十五日出生。
1901	09歲	與長兄杜生財習漢文。
1903	11歲	入滬尾公學校。
1909	17歲	小學畢業；考入台灣總督府醫學校。
1914	22歲	醫學校畢業；入總督府研究所。
1915	23歲	負笈日本，考進京都帝國大學醫學部。
1921	29歲	擔任台灣總督府專門學校助教授兼台灣總督府中央研究所技師，敘高等官七等。
1922	30歲	升任醫學專門學校教授。與林雙隨結婚。十二月十六日獲醫學博士學位，是台灣第一位榮獲博士學位之人。
1925	33歲	赴歐考察深造。
1928	36歲	於《台灣民報》發表〈關於漢醫學研究方法之考察〉。
1929	37歲	發表關於鴉片菸膏及鴉片副產物之性質及反應等實驗報告。
1930	38歲	擔任「更生院」醫局長。以「漸減法」矯正吸食鴉片和打嗎啡患者毒癮。與友人創設「台灣理工學會」。

1937	45歲	台北帝國大學藥理學教室成立後，杜聰明從事蛇毒研究，陞敘高等官二等。
1945	53歲	任台灣大學醫學院院長兼第一附屬醫院院長、熱帶醫學研究所所長。
1946	54歲	任台灣醫學會會長、台灣省科學振興會理事長、國民參政會參政員。
1947	55歲	二二八事件發生，被列入逮捕名單。台灣省政府成立，擔任省府委員。
1948	56歲	台大校長傅斯年未抵台履新前，代理校長職務。
1953	61歲	辭台大醫學院院長。
1954	62歲	私立高雄醫學院招生開課。
1956	64歲	私立高雄醫學院正式奉准立案，杜聰明擔任院長。
1958	66歲	高雄醫學院創辦山地醫師醫學專門科。
1970	68歲	辭卸高雄醫學院院長職務。
1986	94歲	二月二十五日逝世。

（1894～1943）

台灣新文學之父

賴和

【語錄】

●「生，便忍受得一切生的不幸。」

●「前進！向著面前不知終極的路上，不停地前進！」

●「但願天下無疾病，不懼餓死老醫生。」

【評價】

●「貫穿於他的文學作品中的精神，是一種為地上的正義而奮鬥的精神。」

——朱石峰

●「要了解日據下台灣新文學，當以了解賴和的文學為始，因為賴和可以說是一個先驅者，一個指引者。」——林邊

●「他的作品，充滿著日據下台灣人的無限悲哀，和對日人的憤慨。」

——楊雲萍

彰化市，這座有八卦山為屏的都市，不僅文風鼎盛，也孕育出不少仁人志士，賴和便是彰化知名的名醫、仁醫。更重要的是，他是「台灣新文學之父」和非武裝抗日運動的先行者。

「台灣新文學之父」賴和，本名賴河，又名賴葵河，筆名懶雲、甫生、走街先、灰・安都生等，曾自署「硬骨漢」，一八九四年五月二十八日（農曆四月二十四日）出生於彰化廳線東堡彰化街市仔尾。他出生之年正值中日甲午戰爭；翌年，台灣割讓給日本，他轉籍成了日本帝國殖民下的日籍台灣人。

幼習漢文　長則學醫

賴和的先人是客籍，到了父親一代已經河洛化，只講河洛語；他曾爲自己不會說客家母語表示戚然，而寫下這首詩：「我本客屬人，鄉語竟自忘，戚然傷抱懷，數典愧祖宗。」

賴家原有恆產，但因一八六二年至一八六四年戴萬生（潮春）之亂發生時，隸屬「八卦會」，清廷戡平事件後，視賴家爲從犯，家產悉被查封，生活陷入窘困：「經戴萬生之亂，家遂零落，祖父兄弟六人，祖父最少，因家產喪失，遂各謀生。祖父聞好博奕，成家後猶不能改。吾父五歲時貧甚，歲晚無錢，祖母把衣裙使入質，以其錢度歲，但恐其得錢復賭，教吾父隨之

● 賴和的「造像」。張我軍說：「最引起我的興味的，是懶雲（其號）的八字鬚……，又疏又長又細，全體充滿著滑稽味，簡直說：他的鬍子是留著要嘲笑世間似的。」

去，至半途，乃用頭巾縛吾父於人家籬柱，不教同往，自去典衣，又把錢盡輸於賭，其嗜好有如此者。」

嗜賭如命的祖父賴知，又因戴萬生之亂腰中流彈，留於腹內，不得不以鴉片止痛。然而，原有賭性毒癮的賴知幡然悔過，放下原習的拳法，改學弄鈸（即民間做功德之「弄樓」），憑此技藝改善家庭生活。其子天送，亦即賴和之父，則以道士爲業，替人做法事；兩代憑此草根性民間宗教習俗的服務職業，竟也能有所儲蓄，進而購地置產，從無變有，擁有田產十甲左右，年收租三百石，更重要的是，賴家子弟得以接受教育，出人頭地。

● 北上台北念醫學校的賴和，不僅接受西方醫學教育，也在衣著「西化」，然而他始終過著「台灣化」的生活，其實穿台灣衫才是他的最愛！

賴和十歲進彰化第一公學校，接受日本殖民政府安排的教育，不過在「讀日本書做什麼？我們不要做日本仔，也沒福氣做大人（註：警察），我們用不著讀日本書」下，也被家人安排到書房（私塾）學習漢學仔（漢文）。十四歲，入設於彰化「南壇」（南山寺）側小逸堂，拜黃倬其爲師；書房教育影響賴和頗深，他的漢學基礎扎根於此時。

一九〇九年，十六歲的賴和，考進台灣總督府醫學校，同班同學有杜聰明、翁俊明、郭東周、吳定江等人，低他一個學年則有蔣渭水、張七郎、呂阿昌、高敬遠等。

醫學校是台灣當時的最高學府，學生大部分是青年菁英，醫學教育對他吸收新知識、認識新思潮有更深的啓發。他對於高木友枝校

● 賴和（右二）和翁俊明（右一）、王兆培（右四）等醫學校學生合影，他們是學生社團「復元會」的成員。「復元」是台語「病癒」之意，含有「光復台灣」的宗旨。翁、王還是中國革命同盟會會員。

長每年畢業典禮的訓詞：「要做醫生之前，必須做成了人，沒有完全的人格，不能盡醫生的責務」銘記於心。

由於醫學校同學的民族意識強烈，咸認賴和應該曾經參與翁俊明、王兆培等與中華革命組織同盟會有關係之「復元會」。

執醫家鄉 內渡中國

一九一四年，賴和自醫學校第十三期畢業，先於台北實習後調往嘉義病院任職，因不能忍受只在醫院擔任

賴和（後排右起第五人）和彰化街的台灣文化協會成員和贊助人合影：前排左二是長他十二歲的醫學校前輩林篤勳。

筆生（登錄病歷的實習醫生）的差別待遇，決定自行創業。一九一六年，回家鄉懸壺，在彰化市市仔尾簡陋家居開設賴和醫院。

一九一九年夏天，他以台灣總督府醫官的身分前往廈門，任職設在鼓浪嶼租界的博愛醫院；該醫院隸屬於台灣總督府資助設立的財團法人廈門博愛會。是年正好中國發生五四運動，鼓吹新文學浪潮風起雲湧，賴和體驗到一個新時代變局的來到，然而他見不慣「台灣呆狗」（台灣流氓）在大陸仗著日本人勢力胡作非爲，況且「祖國經驗」對他而言，也是不愉快的。在軍閥割據、「亂世奸雄群並起，中原殘局尚難知」的情勢下，自稱「天涯淪落一庸醫」的賴和，次年就辭職返台了。

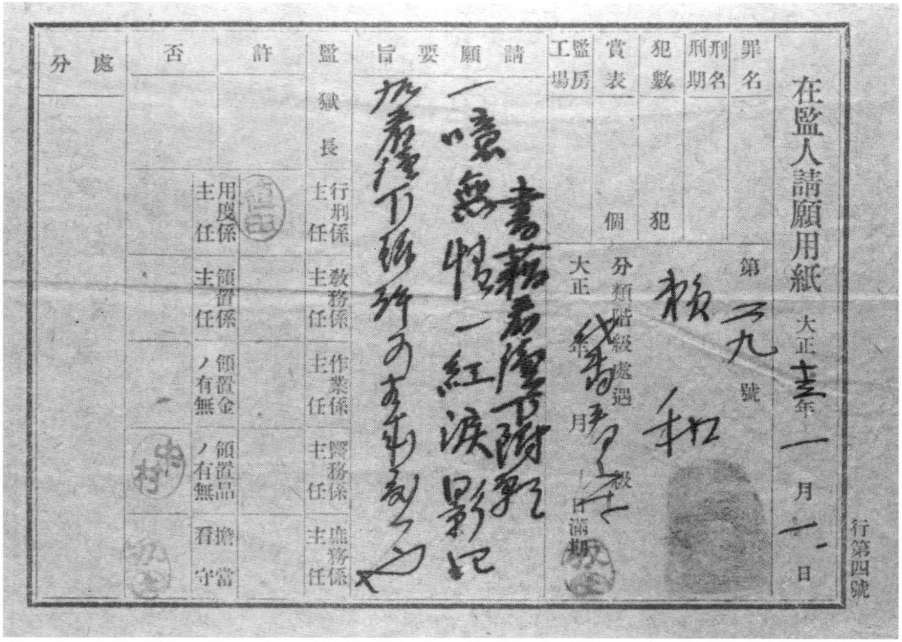
在監人請願用紙 大正十二年一月一日
第一九號
賴和
罪名
刑名刑期
犯數 犯
賞表 個
監房工場
分類階級處遇 大正 年 月 日滿期
請願要旨
書籍
一噫無情
紅淚影記
監獄長
行刑係主任 教務係主任 作業係主任 醫務係主任 庶務係主任
用度係主任 領置係主任 領置金ノ有無 領置品ノ有無 擔當看守
許否
處分
行第四號

賴和因治警事件受難，坐牢的時候填了此紙「在監人」（入獄者）的申請書，要求精神食糧，希望以閱讀來排遣失去自由的日子。

一九二一年十月，台灣文化協會成立，賴和應邀入會膺任理事。在那「弱肉久矣恣強食，至使兩

間平等失」的時代，他矢志爲台灣人爭平等、爭自由、爭權利。一九二二年，賴和以舊詩〈劉銘傳〉應徵《台灣雜誌》徵詞獲名，之後陸續發表〈秋日登高感懷〉四首、〈懷友〉等。

翌年年初發表舊詩〈文天祥〉，同年十二月，即因殖民政府爲取締議會期成運動而製造的「治警事件」，第一次被捕。入獄三週，他以詩明志：

一死原知未可輕，吾身不合此間生；
如何幾日無聊裡，已博人間志士名。

雖然不久即獲釋，但更加速了他以千秋之筆討伐不義政權。

一九二五年三月十二日，孫中山病逝北京，消息傳來台灣，賴和驚聞之餘，親筆作追悼會輓聯及輓詞：

中華革命雖告成功，依然同室操戈，一統雄心傷未達；
東亞聯盟不能實現，長使天驕跋扈，九原遺恨定難消。

爲民喉舌　義憤控訴

一九二五年，也正是台灣第一本白話文文藝雜誌《人人》發行、第一本白話詩集《亂都之戀》出版之年。八月，他以筆名懶雲在《台灣民報》八十七號發表生平第一篇隨筆〈無題〉。十月，台中州彰化地區發生了台灣首次農民運動「二林蔗農事件」。二林蔗農爲爭取權益，阻擋糖廠強行刈蔗，警民爆發嚴重衝突，九十三位農民被拘押，並遭凌辱拷打。賴和十分震驚，於十月二十三

日寫下了〈覺悟下的犧牲〉，副標題是「寄二林事件的戰友」，這是他的第一首白話詩。

該詩長達四十餘句，他爲「弱者的哀求，所得的賞賜，只是橫逆、摧殘、壓迫；弱者的勞力，所得到的報酬，就是嘲笑、謫罵、詰責」深表不平，但強調「使我們汗有所流，使我們血有所滴，這就是——強者們。」在末節中他肯定了農民的奮鬥，肯定抗爭的價值和意義：「唉！覺悟的犧牲！覺悟地提供了犧牲，我的弱者的鬥士們，這是多麼難能！這是多麼光榮！」

一九三〇年九月，賴和又有〈流離曲〉之作，全詩長達二百九十四行，分爲「生的逃脫」「死的奮鬥」「生乎？死乎？」三部曲。原詩在《台灣新民報》刊載時，大部分被刪去。本詩爲描述台灣總督將三千八百八十六餘甲土地，以極低價由三百七十位退職官員承購的「退職官拂下無斷開墾地」事件，造成不少農民流離失所，民不聊生；〈流離曲〉則是土地被強取豪奪、生存飽受威脅的農民的血淚控訴！

一九三〇年十月二十七日，霧社事件發生，泰雅族原住民起義抗日，終在日本軍隊不人道的殘酷殺戮鎮壓下，族人傷亡殆盡。賴和義憤塡膺，寫下了〈南國哀歌〉一詩來肯定原住民的果敢抗暴行動：「所有的戰士已都死去，只殘存些婦女小兒，這天大的奇變，誰敢說是起於一時？人們最珍重的莫如生命，未嘗有人敢自看輕，這一舉會使種族滅亡，在他們當然早就看明，但終於覺悟地走向滅亡，這原因就不容妄測。」他還如此吶喊著：「兄弟們來！來！捨此一身和他拚！我們處在這樣環境，只是偷生有什麼路用（用處），眼前的幸福雖享不到，也須為著子孫鬥爭。」

台灣心事　寫入小說

一九二六年一月一日，賴和在《台灣民報》八十六號發表第一篇白話小說〈鬥鬧熱〉，之後又有〈一桿稱仔〉〈不如意的過年〉〈雕古董〉〈惹事〉〈善訟的人的故事〉〈赴了春晏回來〉等作品。「他在創作之初，先用漢文思考，用北京話寫了之後，再改成台灣話」（李獻璋語），因此賴和的小說融入了方言、俗諺，而且完全以台灣的心描寫台灣的事。這些日據時代的台

● 賴和（拿旗幟者）的醫務繁忙，但他也常常放下聽診器，為喚醒民眾而努力，這是他搭火車準備走向群眾，宣導抗日民族意識。

灣新小說，既是寫實文學，也是反抗文學；他寫出台灣人的迷信、愚昧、奢侈、卑微、逞強，也寫盡台灣人被壓迫、被蹂躪、被欺凌的不幸。遠景出版的《光復前台灣文學全集》記載：

他替台灣新文學豎起了第一面反帝、反封建的旗幟，並且啓示了此後台灣小說所應走的社會寫實的方向，他的寫實意識影響了以後不少的文學創作者，尤其是搖籃期的楊守愚、陳虛谷；他的嘲弄技法影響了蔡愁瀾、吳濁流、葉石濤；而他那不屈不撓的抗議精神更影響了朱點人、楊逵和呂赫若。可以說，台灣新文學的扎根應當從賴和肇始，而賴和的崛起，才奠定了現代台灣文學的基礎。

賴和不僅是勤奮優秀的作家，也是盡責優異的編輯。他雖忙於醫務，但主持《台灣民報》文藝欄期間，發掘提攜不少文學少年，本名楊貴的楊逵即受過其提攜和命名，難怪楊守愚說賴和是「台灣新文藝園地的開墾者，同時也是養育了台灣小說界以達於成長的褓母。」

他的文學作品被稱爲台灣白話文的實踐，不避口語的寫作，在其爲陳虛谷岳母蔡秀瓊寫的輓聯足可證實：

撫遺孤會得親像人，教養艱難，歸到九泉原無見誚；
使家運能有重興日，辛勤刻苦，生來一世總是拖磨。

參與反日　左右兼容

做爲「政治人」的賴和，他在非武裝抗日民族運動中雖非活躍人物，卻始終是一位參與者。一九二一年，他加入台灣文化協會；一九二二年參加台灣第一個政治結社「新台灣聯盟」；一九二三年，加入台灣議會期成同盟會。台灣文化協會分裂後，賴和雖然隸屬台灣民眾黨，但也擔任新文協臨時中央委員；對於左翼運動有所包容，但顯然沒有成爲左派人士，這與他溫和的個性和沒有領袖慾有絕對的關係。

左派的新文協於一九二八年五月七日創刊《台灣大

● 賴和與彰化的同志，賴和（右坐一）是唯一穿著「台灣衫」的人，這位少年家的打扮，顯見其特立獨行的風格。

眾時報》，做爲宣傳機關；賴和出錢出力，但對新文協宣稱要打倒「反動勢力」的台灣民眾黨、台灣地方自治聯盟的激烈做法並不熱衷，他並不認爲左右兩派水火不容。一九三一年一月十六日，他還出席台灣民眾黨彰化支部黨部大會，擔任大會議長。

一九三一年二月，台灣民眾黨被強令解散；六月，殖民當局開始鎮壓地下黨的台灣共產黨，在摧右擊左下，新文化協會難再運作，陷於困鏡。賴和的同鄉兼好友王敏川想死灰復燃，擬籌組台灣赤色救援會繼續活動，但年底即被偵破，王敏川等被逮捕法辦，而賴和倖免於難，是因爲他未曾參加此「紅色組織」。他和王敏川一樣，並不是台共分子。

二次入獄　身心俱毀

一九三七年，賴和似乎停止新文學作品的創作；同年，台灣總督府下令強制廢止全台日刊報紙漢文欄，他又重拾筆興，寫傳統詩來排遣悲懷，算是有心的抗議吧！

而後，戰爭的笳聲日囂，賴和的運氣也愈來愈壞。一九三九年三月，因前來求診的患者感染傷寒初期症狀，未依法定傳染病規則向有關當局申報，而遭受重罰，並被迫停業半年。

一九四一年十二月八日，珍珠港事變爆發，美國對日本宣戰的這一天，賴和在日本憲兵和警務局的共同調查下，第二次被捕入獄五十天。他被日本當局懷疑與醫學校同班同學翁俊明有所牽連，因爲翁俊明奉中華民國政府命令籌設中國國民黨台灣省黨部，主持對台工作計畫。

在牢獄的日子，賴和留下了三十九篇《獄中日記》，後因病體弱停筆；有一則他如此說：

這幾日來，我真反省，對於我的平生，我行年四十八了。二十三歲辭了醫院出來做醫生，和這社會周旋，便漸得世人的稱許，漸博信賴，為業務所費消（使用）的時間，比較讀書修養，占去四分之一以上。不讀書，自然不能有資於修養，且因為忙，自要求些慰安（休閒），就只偏於娛情的小說詩歌，及至第一次歐戰終了，世界思想激動，台灣亦有啓蒙運動的發生，我亦被捲入其中。我對於此運動缺乏理解，無有（沒有）什麼建樹。繼而有政治運動，我亦被拉入去，其所標榜，亦只於顧慮台灣特殊事情（條件）、法律制度，不能一同內地（日本），本島人（台灣人）要求參與其立法，但於內田總督時一受解散，已（只）有消散無有留存。及到了自治制施行，在彰化結成一個市政研究會，當其在發起會紀念講演時，我說台灣人善與環境適合（妥協），消極生存，沒有改善環境的魄力，若這樣下去，台灣人是會滅亡，這一語受到停止（制止），不知是這一句話，成為不滅的罪嗎？

「沒有改善環境的魄力，……台灣人是會滅亡。」賴和的這一句話，眞會是他受難的不滅的罪嗎？

獄中焦慮、煩躁、不安自是難免，他讀佛經修性，而有「人從地獄才成佛，我到監牢始信天」的頓悟。

服刑期間，由於心臟病申請保外就醫；出獄之時，猶以詩句自嘲、自慰、自勵：「天欲予亡心肯死，人云我枉法無威；困窮猶喜詩情遠，磨折翻添賤體肥。」

療養期間，正是日軍在東南亞「炎威赫赫」的時候，然而賴和對軍國主義終必日薄西山的信心不曾稍減；從其〈夕陽〉一詩，可以得知：

日漸西斜色漸昏，
炎威赫赫竟何存；
人間苦熱無多久，
回首東方月一痕。

詎料賴和養病年餘，終不敵病魔，於一九四三年一月三十一日眠目，享年五十。出殯時，謝雪紅和石錫勳以子女身分掌孝燈。

志士仁醫 鄉人傳頌

賴和行醫，仁心仁術，傳聞鄉里，楊笑儂說他「隨俗行醫名夙震」即是定評。他的求診病患相當多，理應有可觀

● 賴和（後排左五）和彰化醫師會的會員合影。賴和是名醫，也是仁醫，彰化人稱他是「彰化媽祖」「彰化城隍城」。

的收入，然而他「無料者」（義診）居半，一向對貧困的人伸出援手，而且捐助抗日和文化活動不落人後，因此生活有時還很窘困。楊雲萍如此追憶：

做為一個醫師，先生是彰化數一數二的最孚人望的醫生，以至於被民眾稱為「彰化媽祖」的程度。他每天所看的病人都在一百名以上。然而，先生的身後卻留下了一萬餘圓的債務，他的生活是那麼樣的簡樸。據說一張處方箋，送收不到四十錢，原來醫生也有好幾種的啊！

楊逵也曾記錄了鄉民在賴和的喪禮中所談論的話：

賴醫師每天看的病人總有百人以上，但他的收入卻比每天看五十病人的醫生還少。有些病人請賴醫師賒下藥錢，但對於看來不可能還錢的病人，是連帳都不記下的。

陳虛谷有〈哭懶雲兄〉一詩，可以做爲他身爲醫者的墓誌銘：

君志為良醫，欲以匡時弊，
閭里皆感恩，貧病多周濟。
懸壺三十年，活人難以計，
周庭多周濟，不見稍衰替。
若為他人有，致富得權勢，
君乃無所益，清風生兩袂，

「仁心仁術」「彰化媽祖」是鄉人對賴和的追憶。

留得身後名，與人傳一世。

英靈蒙塵　終得平反

戰後，賴和以「抗日志士」之名奉祀忠烈祠，然而因爲被檢舉爲是日治時代的台共分子，於一九五八年九月三日突被下令除名撤出。「抗日志士」變成「台共匪幹」，白布被染黑，英靈從此蒙塵，賴和成了歷史禁忌人物，少有人再敢提到這位「台灣新文學之父」之名。事情發生的十年之前，吳新榮醫師還曾如此推崇賴和：

賴和在台灣，正如魯迅在中國、高爾基在蘇聯，任何權威都不能漠視其存在。賴和路線可說是台灣文學的革命傳統，談台灣文學，如無視此一歷史上的事實，便不足瞭解台灣文學；有人說台灣的過去沒有文學，

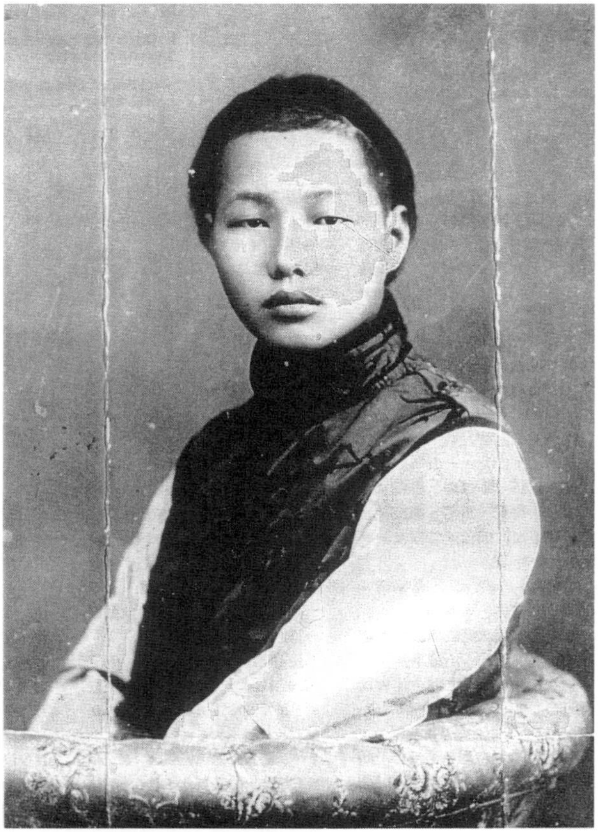

●「看來不過庸夫相，那得聰明爾許多，」陳虛谷以此詩歌賴和。其實少年時代的賴和，留著頭髮尾仔（綁髮），還真是「緣投（英俊）」呢！

其認識不周才是笑話呀。

賴和的消失，使戰後成長的年輕學子不知有賴和、不知有台灣文學，一直到一九七六年《夏潮》雜誌一卷六期製作了「賴和專集」，才使賴和再見天日。其中有一篇梁德民（梁景峰）的〈賴和是誰？〉開宗明義說：「賴和是誰？他活在什麼時代？他做了些什麼？」

一九七九年，明澤出版社出版李南衡主編的《賴和先生全集》，才使賴和研究漸漸成爲顯學入門，於是以李篤恭爲首的各方人士據理力爭，爲賴和「正位」，終於在一九八四年一月二十二日獲得平反；四月二十五日藉著賴和九十歲冥誕之名，各界在彰化市舉行紀念會，並在當天回祀忠烈祠。

賴和遺留的新文學作品不多，小說、隨筆散文、新詩僅四十餘篇，其漢詩則有千首之多。一九九四年，林瑞明編著的《賴和漢詩初編》付梓。

創新文學　啓新精神

賴和爲台灣新文學「打下第一鋤，撒下第一粒種籽」，雖然鋤下的園地並不廣，卻鋤得很深，雖則由於語言運用的問題，使他寫作的過程頗費心力。

楊守愚（楊松茂）對他的老友賴和如此評價：

……新文學的誕生主要是出於一個新時代的要求，又即便是新文學的發展是一種必然的過程，但是當時如果沒有一位像懶雲氏那樣既有創作上的天才，而且又有對新文學事業的推展抱著熱情和決心的人來擔當、領導這個時期，並擔任這一艘台灣新文學的大船的舵手，則相信台灣的新文學是無由達成若今日

的狀態和成就，而且一定還要走多少迂迴、波折的發展道路吧！

賴和的小說大都用台語口氣來寫，常選用一些幽默的古早話。其文學的表徵是對舊社會敗壞風俗的抨擊，爲被統治者屈辱的人民訴不平，以及對弱勢者的同情與鼓勵。他以筆當聽診器，爲當代社會診脈，明白告訴大家病因、症狀，希望能掙脫病魔的侵犯，有人以「台灣的魯迅」稱呼他，雖然不甚貼切，但也不無道理。

楊逵讚揚賴和「在某一個意義上，是台灣關心大眾生活的文學的元老。」從賴和遺留的漢詩，更能瞻依其不屈的民族魂：

滿腔碧血吾無吝，付與人間換自由，
縱然血膏橫暴吻，勝似長年鞭策苦。
破除階級思平等，掙脫強權始自由，
頭顱換得自由身，始是人間一個人，
世間未許權存在，勇士當為義鬥爭。

賴和軼事

●自忘鄉語愧祖宗

「台灣新文學之父」賴和的新文學創作生涯大約只有十年光景，他不僅以新詩、小說、散文來實踐「台灣文學革命」的要求，也負起「台灣新文學保母」的任務。

賴和的短篇小說有幾篇的命題是「純福佬話」，如發表於一九二六年《台灣民報》八十六號的〈鬥鬧熱〉，不懂「母語」的人豈會知道就是「趕熱鬧」的意思。其他如：〈一桿稱仔〉〈雕古董〉〈一個同志的批信〉，無不是他「一步一步地」爲「台灣語文」所遺留的資產！

賴和本是客家人，他的先人先在彰化花壇落戶，而後才遷居彰化市。他的祖父說客家話，到了他的父親，對客語就不靈光了，而賴和對客語則一竅不通。他曾感傷的以一首傳統詩對「母語」表示謙意：

我本客屬人，鄉語竟自忘；
戚然傷懷抱，數典愧祖宗。

攻防各盡畢生才

台灣非武裝抗日民族運動陣容中，賴和是很特殊的角色，譬如他在台灣文化協會的角色如一，不因文協分裂而在「職務」上有所異動。文協前期，他追隨蔣渭水；文協後期，他與王敏川常相「左右」，忠誠地站在反日第一線上；更可感的是，賴和沒有領袖慾，他從不在文協裏爭權奪勢。

賴和與王敏川都在日本當局鎮壓「反動勢力」時做牢。這兩位彰化人都在被釋後不久發病而逝，因此鄉人都相信他們在牢中被日本人「動了手腳」，否則該不致英年早逝。

賴和被捕前，在彰化參加「半線俱樂部」，「半線」雖是彰化的古地名，

但「半線」的日文和「反戰」諧音，難怪日本當局對賴和不懷好意了。況且他的醫學校同學翁俊明又在「唐山」主持對台「統戰」！

獄中生活使賴和身心俱疲，他有一詩寫那惱人的蚊子，其實是影射日本統治階級的「吸血」政策：

嚶嚶只想螫人來，吾血無多心已灰；
你自要生吾要活，攻防各盡畢生才。

●賴和燒金紙

賴和是一位仁醫，對付不起診療醫藥費的貧困人們，他照樣誠懇看病開藥。有人問他爲什麼？

「不然，要看著他們痛苦，甚至眼巴巴看他們病死嗎？」

他反對民眾燒紙錢，說是迷信、荒唐、愚蠢；他說紙張是有價的，用來印書，而不是燒掉。

賴家逢年過節也祭拜神明，但不放鞭炮、燒金紙。

過年夜，有人發現賴家在燒東西，詫異的民眾走近一看才發覺不是燒紙錢，而是病人的帳單。有人問他爲何如此做，他說：「反正這些人太窮了，我從不期待他們還錢。」

有一年除夕，賴和還需向其姊借「一圓」來過年。

他逝世時，約有一萬元的負債，因爲他「燒金」太多了。

賴和年表

年	歲	事蹟
1894	01歲	五月二十八日生。
1895	02歲	日本據台。
1903	10歲	就讀彰化第一公學校。
1906	14歲	拜黃倬其爲師，扎根漢學。
1909	16歲	考進台灣總督府醫學校。
1914	21歲	醫學校第十三期畢業，任職嘉義病院。
1916	23歲	於彰化市開設賴和醫院。
1919	26歲	赴中國廈門，任職鼓浪嶼博愛醫院。
1920	27歲	返台，繼續經營賴和醫院。
1921	28歲	台灣文化協會成立，膺任理事。
1923	30歲	治警事件發生，入獄三週。
1925	32歲	發表第一篇隨筆〈無題〉。創作第一首白話詩〈覺悟下的犧牲——寄二林事件的戰友〉。

1926	33歲	元月，發表第一篇白話小說〈鬥鬧熱〉，二月再發表〈一桿稱仔〉。
1930	37歲	創作長詩〈流離曲〉。以〈南國哀歌〉悼念霧社事件陣亡的原住民，發表於翌年《台灣新民報》。
1931	38歲	擔任台灣民眾黨彰化支部黨部大會議長。二月，台灣民眾黨被禁止結社。
1937	43歲	停止新文學創作，以寫傳統詩示懷。
1941	48歲	十二月八日第二次入獄，在獄中寫《獄中日記》。
1942	49歲	元月因病重出獄。
1943	50歲	元月三十一日逝世。

台灣橄欖球運動之父

陳清忠

（1895～1960）

● 「詩美之鄉」的淡水不僅曾是北台灣重要的貿易港，也是加拿大傳教師馬偕在北台灣佈道的源頭。它更是台灣橄欖球運動、高爾夫運動的胎動地。

孕育台北市的「母河」淡水河從淡水出海；淡水有「詩美之鄉」的稱譽，它是台灣高爾夫球與橄欖球運動的搖籃地。台灣第一座高爾夫球場開建於淡水砲台埔的淡水球場，台灣橄欖球運動的發源地則是淡水中學。

橄欖球賽　發跡淡江

橄欖球是一項激烈的球類運動，英語稱爲rugby football；由於球型爲橄欖狀，所以稱爲橄欖球。有人說它包含各項運動的要素：短跑的衝刺、籃球傳球的敏捷、足球踢球的腳勁力、摔角的擒抱力，以及馬拉松持續長跑的耐力。

今日爲人津津樂道的橄欖球精神，就是代表堅忍、進取、奮鬥的「全方位」毅力。橄欖球運動是由足球比賽演變而成，最初源於英國拉格比中學，該校有一座紀念碑記述橄欖球運動「發明」的經過：

> 此碑是為了紀念在一八二三年，無視於足球比賽規則，而首次用手將球抱在胸前，衝進對方球門的威廉・韋布之功勞，由於他這種突然所激發的舉動，才產生了橄欖球運動的獨特打法。

北部地區　基督世家

依據一九三三年（昭和八年）出版的《台灣體育史》記載，橄欖球早在一九一三年傳入台灣，不過玩的人都是日本人。引進者爲松岡正男，他是慶應大學畢業生，留學美國，研究殖民政策等相關問題。松岡正男是在一九一三年（大正二年）派至台灣總督府服務，由於大學時代就熱愛橄欖球運動，公餘他就到日本子弟所就讀的台北第一中學義務指導，但風氣並未打開。松岡返日後，一些受過他指導的日籍學生畢業後到鐵道部（鐵路局）或其他機關服務，並在服務單位組隊練習，只是台灣人無緣參加。台北高等商業學校大約在一九二一年（大正九年）有成立橄欖球隊的紀錄。

一九二三年，陳清忠在淡水中學組成第一支台灣學生組織的橄欖球隊，而後橄欖球運動的風氣才在全台流行。

淡水舊稱滬尾，曾是台灣北部的大港，也是台灣正式對外開放通商的北部港埠。

台灣北部是加拿大長老教會宣教師偕叡理（Rev George Leslie Mackay，通稱「馬偕」），在台佈道的教區。馬偕於一八七二年二月九日抵達淡水，不久即以淡水爲根據地，逐漸開始傳布基督教福音。

馬偕在早年收了兩位台籍及門弟子，也是北部教會歷史中，首次正式受封的兩位牧師，一位是陳榮輝，一位是教馬偕台語的嚴清華。

陳榮輝原名陳火，台北近郊五股坑人（今台北縣五股鄉）；五股坑是馬偕博士在台創建的第一座教堂、第二所教會（第一所教會成立於淡水）的地點。

法軍攻打台灣時，陳榮輝正被派往新店教會服務，當時台灣民眾因異族動武侵略，謠傳教民「內神通外鬼」，因而遷怒信奉洋教的教徒，認爲他們吃教（信教）通紅毛番（外族），遂發生攻擊基督信徒、襲劫教堂的事件。百餘暴民將新店教堂門窗戶扇以及外牆拆毀，有教民被擒，並遭沈水殺害，陳榮輝連夜逃命。第二年，欽差劉銘傳撥付馬偕十一萬銀元賠償損失，教會得以重建。一八八五年五月十七日，陳榮輝受封爲本地牧師，新店教堂也成爲北部教會第一個自治堂會。

陳榮輝在新店教堂服務期間，於日本領台不久，又發生了一次危機，那是

他的次子陳清忠出生後才幾個月的事。日軍進駐新店後，大尉隊長借用牧師館爲「行營」，一天，日軍接獲密報新店有人謀反，於是夜半搜索民宅，若查到家有槍、刀、鏢等武器者，一律雙手綑綁，再將數人的辮子相縛，押往碧潭河邊，一時風聲鶴唳。時年十九歲的陳榮輝長子陳清義聽聞被捕的人哀號：「牧師啊！我被捉了，請快來救我啊！」忍不住打開後門出來看個究竟，想不到日軍也將之視爲現行犯逮捕。陳榮輝見狀出來說情，也被一把拉住辮子拖到河邊罰跪，直到天亮。

翌晨，大尉隊長去看人犯時，發現牧師父子竟然在內；他深知牧師爲人，乃速令解開綑縛，並向其賠罪，並應諾被押之中如有教民或好人可以指名者，即可釋放。陳榮輝說明各戶擁有武器是爲了防備烏來「生番」襲擊，絕不是要造反。於是眾人得以開釋。此後，來新店教堂做禮拜的居民愈來愈多。

陳榮輝在中法戰爭、日軍侵台僥倖保命後，信主更篤，並敦促子女一生信奉基督，並傳布上帝之道。長子陳清義娶馬偕博士長女瑪蓮（Marry，即偕瑪蓮）爲妻，並擔任艋舺長老會牧師。

大學時代　橄欖隊員

陳清忠於一八九五年五月十四日出生於觀音山五股坑。他誕生後的第二週，日軍強行在澳底登陸，準備接收台灣；因之他的襁褓時期正是兵慌馬亂，人心惶惶的時候。

在他六歲那年，父親陳榮輝蒙主召歸。一九○二年，陳清忠就讀於艋舺公學校（後改名老松公學校），由在當地任傳道師的兄長陳清義照顧。一九七○年入淡水牛津學堂就讀。

牛津學堂又名「理學堂大書院」，是由馬偕博士於一八八〇年秋天回加拿大述職，向家鄉安大略省牛津郡居民募得六千二百一十五元加幣所興建。理學堂爲訓練傳道人才的教育機構，課程除了神學，還有各種現代學科，是外國人在台灣推行近代化教育的先驅學校。

陳清忠運動時的穿著。他抱著橄欖球，準備在球場做激烈的競技，但其儒雅的書生本色卻寫在臉上。

陳清忠因爲品學兼優，於一九一二年被教士會遴選赴日深造。十八歲那年，陳清忠負笈日本，進入「同志社大學」的普通學校（即中學部），一九一六年入同志社大學部英文系深造。同志社大學和早稻田大學、慶應大學齊名，號稱日本三大私學。

同志社大學由日本明治維新時期的先覺者新島襄所創立。新島襄一生盡瘁於教育及基督教，是一位著名學者與教育家；他興學的目的並非培養傳教士，而是培養可以成爲一國之精神、元氣、柱石的人才。同志社大學以此爲訓，在學校大門刻著新島的一句格言：「全身充滿良心的漢子，起來吧！」激勵學子。身爲同志社大學門生的陳清忠，其一生即信守這句格言處世。

陳清忠在普通學校就讀時，即爲該校橄欖球隊隊員，其大學生活更多采多姿，除了學業出色之外，由於深好音樂和體育，也是這兩項課外活動的靈魂人物。他參加同志社大學男聲合唱團，也擔任該校橄欖球隊選手，主打翼鋒，每

場上陣，都是衆人矚目的焦點。同志社大學橄欖球隊曾是日本關西地方的強隊，與東京慶應大學球隊的實力旗鼓相當，相互稱霸日本球壇。

一九一九年，大學三年級的陳清忠入選橄欖球校隊隊員，屢屢爲校爭光。

英文教席　推展球運

馬偕傳士的兒子偕叡廉牧師與蕭安居牧師（音樂家呂泉生的丈人）在淡水籌設中學，於一九一四年三月九日終獲台灣總督府許可，暫以牛津學堂爲校舍，開辦五年制的淡水中學。這是台灣第一所五年制的中學校，培育了不少台籍菁英，例如總統李登輝、作家鍾肇政、音樂家陳泗治等。

陳清忠取得同志社大學文學士學位後，於一九二〇年返鄉，時年二十六歲的他，與十九歲的謝香締結良緣。翌年執教於淡水中學，栽培後進，以報答教會的栽培之恩。

他除了從事英文教學，鑑於橄欖球這種西洋「紳士意識」的運動值得推廣，於是利用課餘訓練學生，教授競賽規則和傳球、接球、鉤球、踢球等基本動作，旋後於一九二三年（大正十二年）組織淡水橄欖球隊，使山明水秀的淡水成爲台灣橄欖球運動的搖籃，而淡水中學順理成章地成爲台灣第一支橄欖球隊。

陳清忠除了充當教練，也加入球隊，和同學們一起在球場上奔跑，每天汗流浹背，泥土滿身。他時刻以橄欖球的人生觀告誡同學：「橄欖球運動是理性的格鬥，要有能忍受撞傷的體格，及不認輸的旺盛鬥志。球是橢圓形，雙頭尖，因而滾動特別具有彈性，充分表示人生奮鬥的意義。」

初期因爲沒有外隊競相切磋球技，只好將自己的球隊分成兩組做練習比

賽。後來他們對外發展，向鐵道部和台北高商的球隊挑戰，台灣橄欖球運動才逐漸熱絡起來。

一九二八年，建功神社（奉祀日軍在台殉難人員的「忠烈祠」）奉納比賽是台灣正式舉辦的橄欖球比賽，當年十二月，台灣橄欖球聯盟正式成立。

淡水橄欖球隊在

陳清忠嚴格訓練之下，以動作靈活、速度快捷、團隊默契良好著稱，所向披靡，成了百勝隊伍；不僅和日本人所組之鐵道隊、高校隊、高商隊等橄欖球隊抗衡，還

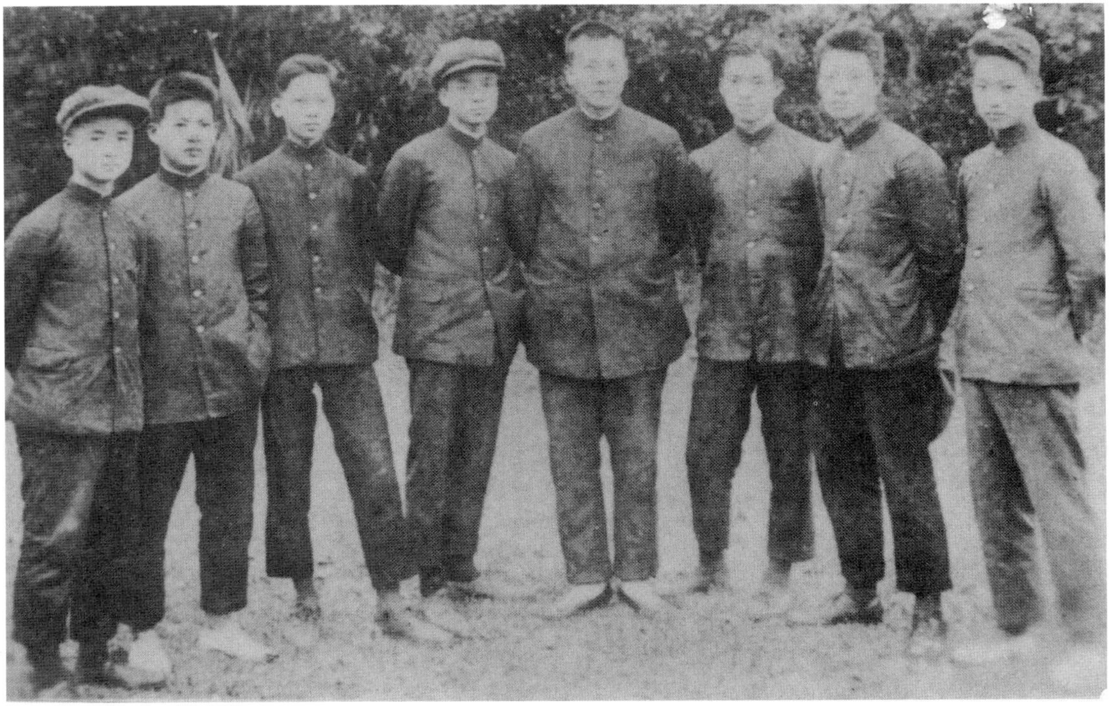

● 陳清忠（右四）不僅在淡水中學教英文，也在課外教體育。他為人處事的忠憨，為師生所稱道，此照是他與同學在一九二〇年代的留影。

一九二六年，台北高校和淡水中學的一場橄欖球友誼比賽，留下了這一張紀念照。彼時的球隊能到淡水中學參賽，是一項榮譽。

橄欖球運動是一項激烈的球類比賽，其「搶奪」卻是君子之爭。陳清忠推廣這項運動的意義十分清楚。淡水中學的校園內，常常看見師生一起比賽。

擊敗了一九三二年來台訪問的歐洲球隊英艦勘培蘭隊。可惜這支「本土球隊」未受殖民政府教育當局的重視。

橄欖元老 合唱之父

一九四六年六月，在台北市新公園舉行台灣戰後第一場橄欖球比賽，參加球隊有虎隊、淡中隊、建中隊、烏鷲隊，由陳清忠擔任執笛。

同年舉辦的第一屆台灣省運動會中，橄欖球即被列為正式錦標賽項目，共有台北市

一九二七年，校方舉辦學年對抗比賽，陳清忠（後排左六）和優勝隊伍合影，得冠的是第三學年。淡江中學的學年對抗賽，是學校的年度盛事。

隊、新竹市隊、台中市隊、台灣大學隊參加。

一九四七年，陳清忠發起組織台灣橄欖球協會，開風氣之先，成爲台灣所有單項運動中第一個成立的協會，公推黃國書擔任第一任理事長。同年十一月一日又在台北市新公園舉行第一屆全省橄欖球比賽大會。橄欖球可以說是當年度最熱門的球類比賽，連棒球都還比不上。

一九四六年，終生貢獻教育的陳清忠改任純德女子中學校長（原淡江中學女生部，該校於一九五五年與淡水中學合併爲淡江中學）。倡導球類運動不遺餘力的他，選擇了推行籃球運動，乃有名聞遐

陳清忠（後排左五）和球隊在一九二七年拍下這張團體照。翌年年底，台灣橄欖球聯盟正式成立。

陳清忠（前排坐者右五）帶領淡水中學橄欖球隊「征服」台灣體壇，此照為他們獲得優勝後在博物館前的台階拍照紀念。

淡水中學不僅推動橄欖球運動，也不輕視棒球，這是一九三三年的淡水中學棒球隊，陳清忠也客串當起另一種球類比賽的教練。

邇的純德女子籃球隊的誕生。他又全力推動合唱活動；當年純德女中的合唱團和籃球隊一樣，不僅在北區享有盛名，也爲台灣教育界所熟知。

陳清忠不僅有「台灣橄欖球運動之父」的稱號，也有「台灣合唱之父」的美譽。一九一九年，他組織台灣第一個男聲合唱團Glee Club，成員有陳溪圳、駱先春、張崑遠、吳清鎰等人，演唱曲目以聖樂及古典歌曲爲主，曾遍至台灣各地演唱，也去過日本、滿洲表演。後來，陳清忠又召募淡水中學學生加入Glee Club合唱團。

台灣橄欖球協會爲尊重這位推廣台灣橄欖球運動的元老，曾禮聘陳清忠爲該會顧問。

陳清忠於一九六〇年四月六日蒙主召歸，享年六十六歲，葬於關渡基督教墓園，墓上塑了一個橄欖球，以充當他的「墓誌銘」。一九八二年，因關渡大橋擴建海濱公路，遷葬北投小平頂信義公墓。

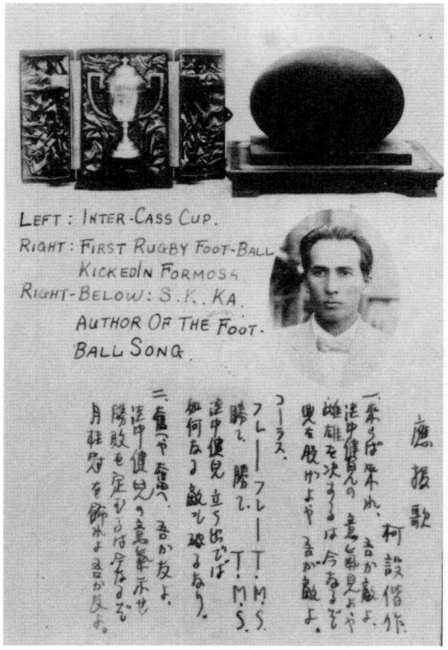

加拿大傳教士馬偕的外孫柯設偕，也在淡水中學任教，亦是橄欖球迷，和陳清忠一起南征北討，他還創作了這一首「後援歌」。

陳清忠（前排坐者左三）和教會的朋友，在一場聖詩音樂會後留影。陳清忠這位運動家，也兼具音樂家的角色，在台灣音樂史上卻鮮少被提及。

台灣橄欖球界人士於一九六八年開始，每年三月在淡江中學舉行「清忠盃」橄欖球比賽，大會由淡江校友俱樂部主辦，以紀念這位推展台灣橄欖球運動的第一功臣。

陳清忠（前排坐者右四）和他所領導的Glee Club合唱團。此照拍攝於一九二五年，呂泉生稱他是「台灣合唱之父」自是有因。

陳清忠年表

年份	年齡	事蹟
1895	01歲	五月十四日出生於五股坑。翌月，日本正式據台。
1900	06歲	父親陳榮輝逝世。
1902	08歲	入艋舺公學校。
1907	13歲	就讀淡水牛津學堂。
1912	18歲	負笈日本，就讀同志社大學普通學校。
1916	22歲	升入同志社大學大學部。
1919	25歲	入選學校橄欖球隊隊長。組織Glee Club合唱團。
1920	26歲	返鄉結婚。
1921	27歲	執教淡水中學。
1923	29歲	組織淡水橄欖球隊。
1946	52歲	擔任純德女中校長，並受聘爲戰後第一場橄欖球比賽裁判。
1947	53歲	推動成立台灣橄欖球協會。
1960	66歲	四月六日蒙主召歸。

台灣歌樂的諍友

陳君玉

（1906～1963）

大稻埕是台灣新文化的胎動地：陳君玉雖受正式教育沒幾年，他卻是以大稻埕為生活舞台，成為台灣新文學運動、台灣流行歌曲運動的重要參與人。圖為大稻埕的太平町（今延平北路）。

台灣文史學家王詩琅曾說：「不知陳君玉的人，不配談台灣流行歌曲。」這句話自有道理；其實，研究台灣新文學運動，也不可不知陳君玉。

陳君玉的作品能不能傳世，並不重要；他爲台灣新文學運動效力的功勞不少，他還是日據時代台語流行歌壇閱歷最豐，貢獻最大的一位，憑著這些努力和用心，自有其不朽的地位。

自學成功　投效文壇

陳君玉，筆名鄉夫、陳鄉夫，台北市大稻埕人，生於一九〇六年；當時台北市「普設電燈」才一年，用戶僅五百六十九家。他出身貧困，父親是人力車伕，無力培育他進學，因此陳君玉只念到公學校四、五年級就被迫輟學。

少年時期，陳君玉當過小販、布袋戲班學徒；後來到印刷廠當撿字工人，充實了他的求知慾望，之後還遠赴山東、東北，在日人經營的報社內工作。

陳君玉在大陸工作的時間不算短，二十歲才返台，因而學會一口漂亮的北京話，也奠定中文寫作的基礎。返台期間，正逢台灣新文學運動的澎湃期，他很自然地投效文壇，除了發表新詩，並寫了一篇描述印刷工人的愛情小說《工場進行曲》連載於《台灣新民報》。

一九三三年，台灣第一個新文學社團「台灣文藝協會」在台北市成立，其宗旨爲「謀台灣文藝的健全發達爲目的」「以有關心於台灣文藝，並能夠爲台灣文藝進展上的努力的有志者而組織，以自由主義爲會的存在精神。」陳君玉是該會的活躍分子之一。台灣文藝協會的成員中，不少人沒有固定職業，他們只爲哥倫比亞、泰平、博友樂等唱片公司寫些流行歌曲的詞來掙點稿費。

一九三四年五月六日，張深切等人在台中發起第一次全島台灣文學大會，並成立台灣文藝聯盟，陳君玉等台灣文藝協會成員予以支援，並參加這次劃時代的大會。

轉進歌壇 充當錚友

台灣文藝協會成立後，幾個負責人決心籌劃出版一本刊物，但苦於經費困窘（台北市的豪商巨賈也不肯解囊相助），這群一文不名的年輕人便想出以拉廣告的方式募集經費。陳君玉向哥倫比亞唱片公司、蔡德音向博友樂唱片公司要求刊載廣告，再加上郭

陳君玉（最後一排左七）和好友廖漢臣（其左）、黃得時（其右）一起到台中參加一九三四年台灣第一次新文藝的結盟盛會。

秋生、黃得時的捐助，以「台灣新文學出路的探究」爲特輯的中文雜誌《先發部隊雜誌》，終於在一九三四年七月五日創刊。陳君玉和林克夫擔任該雜誌詩歌部分的校稿工作，陳君玉並發表了一篇〈台灣歌謠的展望〉。

〈台灣歌謠的展望〉是從檢討北曲（北管）、南曲（御前清曲）、山歌（即所謂情歌）、採茶、相褒等台灣傳統歌謠中，展望適時剛萌芽的流行歌曲的方向：

北曲是以北平官話唱出字音來；「亂談」（即子弟戲，台諺有「看戲看亂談，吃肉吃三層（五花肉）」，可見其高雅）和「四平」也是唱台灣式京音，曲韻清雅悅耳，卻只有「普聽性」而無「普唱性」，畢竟不懂京音的人

陳君玉創作的〈跳舞時代〉，由鄧雨賢作曲。這張七十八轉的唱片，一面僅能收錄這一首歌曲。

極多，泰半只能聞聲捉影罷了。

至於南曲，雖然一半以台灣方言來唱，但由於要傾全力唱，歌詞便因音韻吃勁的關係，不易辨別其字音；其他如「白字戲仔」「七叫仔」「九家」等歌，只可說是戲中藉以幫助表情傳達的歌曲而已，唱的人比「正音」稀微。

山歌大抵是好唱、能唱的人，在心有所感之下，率直編唱出來的歌曲。「採茶」和「相褒」性質相近，前者是以客語唱出字音，後者則要兩人對等唱和。山歌、採茶、相褒傳自大陸，流入台灣後脫胎換骨而鄉土化，所唱的字音隨方言自由轉變，不受拘束，音韻也流露自然的鄉土美，心靈口巧的人都能隨心所欲自由暢唱。

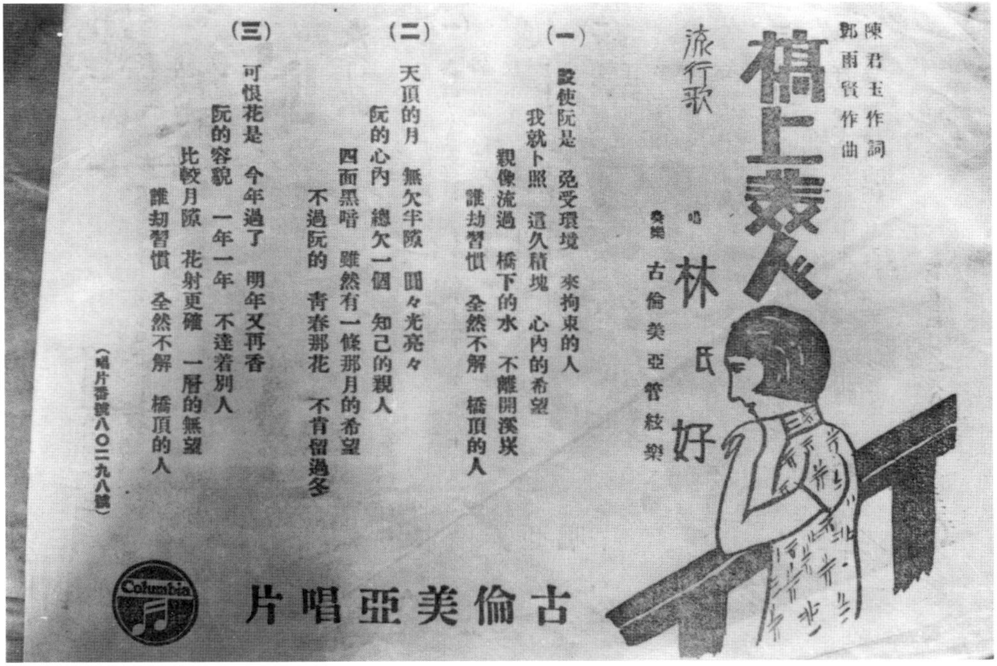

橋上美人
陳君玉作詞
鄧雨賢作曲
流行歌
唱 林氏好
奏樂 古倫美亞管絃樂
(一)
設使阮是 免受環境 來拘束的人
我就卜照 這久積塊 心內的希望
親像流過 橋下的水 不離開溪墘
誰扐習慣 全然不解 橋頂的人
(二)
天頂的月 無欠半陳 圓々光亮々
阮的心內 總欠一個 知己的親人
四面黑暗 雖然有一條那月的希望
不過阮的 青春那花 不肯留過多
(三)
可恨花是 今年過了 明年又再香
阮的容貌 一年一年 不達着別人
比較月陳 花射更確 一層的無望
誰扐習慣 全然不解 橋頂的人
古倫美亞唱片
Columbia

陳君玉作詞、鄧雨賢作曲的〈橋上美人〉，由林氏好主唱。這張歌詞單是放置於唱片內的贈品，而今是台灣流行歌史的歷史文獻。

「歌仔曲」字句的讀音是純台灣方言，歌調富於地方色彩，一聽便知是南方情韻。歌調有「哭調」「唄思」「七字仔」「士上支（思想起）」「留傘調」等，可是用語簡陋粗劣，又太死板定套，致使一般有識階級唾之不顧。

文中分析了這些傳統歌謠的瓶頸後，陳君玉再對「流行歌」寄予厚望；他定義的流行歌還包含了傳唱於大眾之間的歌謠。

流行歌的傳播媒體是唱片。台灣古倫美亞唱片公司（即哥倫比亞）還未錄製台語流行歌曲之前，日本流行歌曲已侵入全台，因此有識之士都深深感到流行歌不像山歌等，只要曲調耳熟能詳就能自編自唱，因此引起民眾的期待和支持。而台語流行歌曲才發展兩年，陳君玉就爲文強調，顯見他多麼有心。他寫道：

> 此後流行歌的責任非常的重大，為著我們台灣人的人心美化，為著我們台灣的人生樂園，必要徹底的加重注意……不要忘記歌謠是人心美化的工具，文化向上的推進機，絕不可粗製濫造，而紊亂文化上進的條律。

認眞創作　提升歌樂

一九三三年，陳君玉投效流行歌壇，從南部北返失業在家，隨意寫了〈單思調〉〈閨女嘆〉〈毛斷相褒〉〈大橋行進曲〉，投稿古倫美亞唱片公司。古倫美亞賞識他的才華，負責人柏野正次郎聘請他擔任文藝部事務。在他的籌措下，古倫美亞擁有了最佳的作詞家、作曲家及歌手陣容。過了一年，他辭退古倫美亞的職務，轉入由台灣人郭博容設立的博友樂唱片公司，將台語流行歌曲由

「含苞待放」帶進了「百花盛開」的階段。

一九三六年，他又轉入吳德貴主持的豪華唱片公司。一九三七年再受呂王平之託，擔任泰平唱片和博友樂唱片合併改組的「日東唱片」文藝部事務。

一九三五年，他與文學伙伴廖漢臣發起籌組「台灣歌人協會」，結合唱片業從業人員，共謀提升台灣流行歌曲的製作水準；成立大會上，陳君玉被選舉爲議長。這是台灣第一次的流行歌壇結社活動。

陳君玉的作品有濃郁的民謠風，由姚讚福譜曲的〈戀愛列車〉是代表作：

帥哥哥，站在戀愛嶺；
小妹妹，站在相思城，
路頭算來相隔壁，
欲講情話著搭戀愛車。

咱二人，實在有意愛，
只有驚厝邊頭尾知，
日時假做無熟識，
欲講情話著等日落西。

心肝內，暗恨這班車，
月未落，驚驚不敢行，
苦昧將日趕落嶺，
通好來去找阮搭心兄。

改良樂器　維護漢樂

陳君玉除了關注歌曲水準的提升外，也注意樂器的改革；時以西洋樂器之長與固有樂器之短和同好研究改良「漢樂」。一九三六年，他聯合陳秋霖、蘇桐、陳水柳等人發起組織「台灣新東洋樂研究會」，是爲台灣第一次漢樂改良運動。

台灣新東洋樂研究會位於大稻埕九間仔口陳發生（即〈農村曲〉〈白牡丹〉〈港邊惜別〉作詞者陳達儒）之家，成員另有蘇桐、林綿隆、陳水柳等人，共同從事漢樂改良。潘榮枝曾將南管樂曲改編爲爵士樂，陳君玉和陳秋霖共同手製大型南琶。該會曾應台北廣播電台之邀演奏，所用絃仔、横笛都別出心裁改良過，大獲好評；後又於永樂座參加稻華倶樂部藝旦戲的演出，然而終因經費短缺而告解散。

但是，漢樂改良的成果卻爲民族文化盡了極大心力。戰爭末期，日人在台積極推行「皇民化運動」，實施「新台灣音樂」，禁演民族史劇、禁唱歌仔調，對固有樂器的演奏也横加阻攔，於是民間藝術者便利用改良過的漢樂和統治階級力爭，而使換了新面貌的民族樂器得以在異族暴力下苟延殘喘。

推行官話　堪稱先驅

陳君玉也是台灣推行「國語運動」的先驅人物之一。「國語」在日據時期稱爲「支那語」「北京語」，民間則有「正字」「官話」的稱呼，陳君玉年輕時曾在大陸學習北京語和注音符號。

清代的官話屬官場特殊用語，台灣民間能操用者甚少。日人據台後，官話幾告絕響，到了日據中期，更儼如外語。一九一七年，台北市有朱俊英、周舜卿等人教習官話，可算是台灣國語運動的先進。一九二六年前後，台灣推展新文化啓蒙運動，後轉爲政治運動，潛在的民族意識因而復甦。此時官立大專已聘有支那語講師，民間也紛設教席，但不久即遭受嚴禁。日據末期，日人發動侵華戰爭後，需要翻譯人員做爲溝通之用，才放寬私塾的取締。當時總督府翻譯官種村受軍部委託主持通譯考試，並自設「支那語講習會」，但他的支那語實在很彆腳，常常受到學員指正，有一回他竟然惱羞成怒地說：「你們在別處怎麼念我管不著，但是在我這裏上課就得跟著我念！」當時統治當局已公布「台灣志願兵」制度，年輕人都有被徵召的可能，而翻譯人員在軍中的地位比較特殊，可以享受不少「禮遇」，自然深受大家嚮往；然而考試官就是種村，聽不慣他的口音，怎麼通過考試？想不到有一次，種村竟然熱淚盈眶地對學員做了良心的剖白：「我半生在日本專攻支那語，但是到了中國後，可以講得通的卻只有一句『不要緊』！所以你們要學會眞正的支那語，就必須到大稻埕去。」

日治末期，經台北州知事認可而正式成立的北京語講習所僅有三處：一是鄭明祿創立於城中區的「開南北京語講習所」，一是王祖屋設立於萬華歡慈市青山宮的講習所，另外就是陳君玉設立於大稻埕日新町（今重慶北路）的「燕京語同好會北京語講習所」。隨著戰火高張，日人更積極推行皇民化運動，強迫台灣人改姓氏、著日服、講日語、唱「時局歌」及「國民歌謠」等，於是台灣流行歌曲被迫譜上休止符，唱片工作者紛紛改行，陳君玉乃正式設塾教授北京語。據說戰前，台北市的北京語學員受教陳君玉的最多。

盟軍飛機轟炸台北市最猛烈的時候，陳君玉疏遷到樹林鎮附近山上，講習所也因此停開。

一九四五年，日皇裕仁下詔宣布無條件投降。終戰之初，學習北平話（國語）的熱潮熾烈，陳君玉在台北講習所的鄰居跑到山上通知他說：「先生快下山來吧，講習所的門快給砸破了！」於是他掛起「呢喃巢讀書會國語補習班」的招牌，再度授課，直到一九五一年止，在「國語推行委員會」尚未全面運作前，陳君玉教授及傳播北平話頗有功績。

文化戰士　無名英雄

戰後，國府積極推行「國語」政策，一九四六年四月二日正式成立「台灣省國語推行委員會」，推行國語成了教育政策，非學不可。陳君玉「吃國語飯」這行業，不僅吃不香，很快也吃不開，竟成了無業游民。之後陳君玉經省參議員黃純青推舉，一度執教於樹林中學及鶯歌中學，然而因「學歷不足」，老師也當不久。幸好他有一隻健筆，與王詩琅主持兒童雜誌《學友》《新學友》的編務。他勤於執筆翻譯童話、小說，還擔任《台北市志》的纂修，受聘爲台北地方戲劇比賽的評判，爲《台北文物》撰稿。後以養雞爲業。

陳君玉終生未娶，一九六三年三月四日因肝癌與世長辭，享年五十八歲。

王詩琅在追悼陳君玉的一篇文章中，稱他爲「平凡而又不平凡的人」，並說他：

> 雖然一輩子從事文化教育的工作，但是不但沒有瑄赫的文名，也沒有驚人的永垂不朽的作品，更沒有做過顯要的官……但我們來回顧他的足跡，毫無躊

踏地我們可以稱他是一個民族文化的戰士。台灣歷半世紀的異族統治，都是靠這些無名英雄的奮鬥，我們的民族文化才得保存命脈，不然，台灣歸返祖國的當初，情形一定會完全改觀，而恢復傳統文化也沒有那麼快吧。

王詩琅的一席話，是非常客觀的持平之論。

以〈望春風〉〈四季紅〉〈補破網〉等詞作揚名各方的李臨秋，生平也一再推許陳君玉的學問。他說，比起陳君玉的飽學識理，我們都視之爲「學兄」。

在陳君玉的呼籲下，台灣才有歌壇從業人員的結社組織，以及漢樂改良運動。雖然其影響力不大，但他的見識和熱忱，在荒蕪的泥土上全力揮出了第一鋤，我們不應該輕忽這位「無名英雄」奮鬥的歷史意義。

陳君玉年表

1906	01歲	出生於大稻埕。幼年失學，做檢字工人。
1925	20歲	由大陸返台。
1932	27歲	台灣流行歌曲發聲，試寫歌詞。
1933	28歲	參加台北市「台灣文藝協會」。任職古倫美亞唱片。
1934	29歲	參加台中市全島台灣文學大會。發表〈台灣歌謠的展望〉於《先發部隊雜誌》。
1935	30歲	和廖漢臣成立「台灣歌人聯會」，當選該會議長。
1936	31歲	發表組織「台灣新東洋樂研究會」。
1937	32歲	擔任日東唱片文藝部事務。
1945	40歲	開設「呢喃巢讀書會國語補習班」。
1950年代		擔任樹林中學、鶯歌中學教職。擔任《台北市志》纂修、《學友》雜誌編輯。
1963	58歲	三月四日因肝癌病逝。

（1906～1944）

台灣流行歌謠奇葩
鄧雨賢

【語錄】

●「藝術家應該和大眾更緊密的結合在一起，從而完成他本來的使命。」

【評價】

●「鄧氏的歌……可以說，它們已經成了不折不扣的台灣人的心靈之曲了。或許它們原先只是流行歌曲，然而這也無損於它們在島上全體居民心中的地位。」——鍾肇政

●「至於他（鄧雨賢）能不能永垂不朽，這一點有待時間來證明。不過有一點倒是可以斷言……只要這苦難仍在，他的歌曲便永遠受著人們的喜愛。」——鍾肇政

● 一九三〇年代的榮町（今台北市衡陽路）的夜景，閃亮的霓虹燈，不僅代表台北的繁榮，也象徵流行歌壇的「如日之升」。右上角是「古倫美亞」的標誌，鄧雨賢崛起流行歌壇的公司。

台語歌曲中的「四・月・望・雨」——〈四季紅〉〈月夜愁〉〈望春風〉〈雨夜花〉，人人耳熟能詳。一個甲子以來，它們歷久不衰地被傳唱著，旋律不僅跨過一個時代，而且繞過東西兩個半球，餘音裊裊。它們既是上一代的父母在日本殖民統治下「吐大氣」的心聲，也是戰後青年學子懷舊、思慕的心曲，更是漂泊異鄉遊子的思鄉曲。這些令人迴腸盪氣、充滿台灣情調的旋律，全部出自一人之手——客籍作曲家鄧雨賢（教會人士曾一度指〈月夜愁〉的旋律是由加拿大宣教師馬偕博士採自平埔族的民謠）。

鄧雨賢，一位活在自己所眷念的鄉土僅三十九年的音樂天才，與西方音樂大師孟德爾、福斯特同壽，生命一樣短促，作品也一樣不朽。

客家子弟　遷居台北

鄧雨賢，一九〇六年（清光緒三十二年、日明治三十九年）七月二十一日出生於大溪郡龍潭庄，是今桃園縣龍潭鄉的客家人。桃園台地客屬居多，九座寮的鍾姓、八張犁的鄧姓是世居當地的大家族。鄧氏一族在清嘉慶年間從廣東梅縣渡海移居台灣，幾經遷徙，終選擇在龍潭落藉開基。爲了表示懷祖念宗，子孫連綿不斷，鄧家依輩分命名，鄧雨賢屬「賢」字輩，堂兄弟共有九十三「賢」。

鄧雨賢出身書香門第，曾祖父觀奇（兆熊）、祖父瓊鳳（逢熙）、叔公賡熙都考取秀才，有「一門三秀才」之稱。家有「不當官，不行醫」的祖訓，因爲作官難爲，行醫貴重，與傳統「不爲良相，便爲良醫」的志向大相逕庭，所以長輩都以教育鄉民爲職志。父親鄧盛猶，號旭東，原在家鄉龍元宮公學校任教，後應聘爲台灣總督府國語（日語）學校的漢文教諭（漢文老師），以客語

鄧雨賢在師範學校即熱衷音樂，他的音樂才華亦受矚目。這張珍貴的殘缺照片，是鄧雨賢學生時代練小提琴的鏡頭。

教漢文，乃攜家帶眷遷居台北。

一九〇八年，三歲的鄧雨賢北上後，開始接觸閩南語，但由於庭訓之故，他仍以客家話爲母語，小時候並沒有學到流利的閩南語。

一九一四年四月一日，鄧雨賢入艋舺公學校（今老松國小）就讀；他和同學交談中，漸漸使用閩南語。

一九一九年，台灣總督府頒布「台灣教育令」進行教育改革，停辦了「國語學校」，設立台北及台南師範學

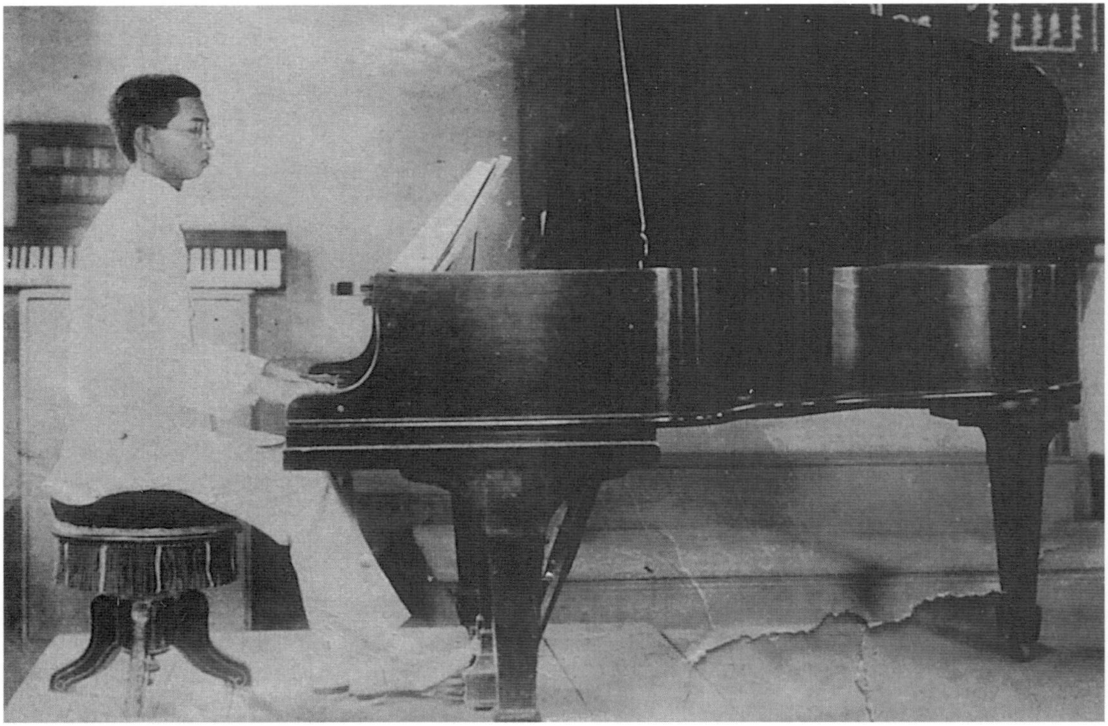

十九歲的鄧雨賢彈練鋼琴：做為「師範生」，讓鄧雨賢得以有機會接觸各種西洋樂器，對他日後的作曲自有助益。

校。鄧雨賢遵循父命，翌年四月，以十五歲之齡考進台北師範學校（今台北師範學院前身）本科；該校爲培養全能教師，十分重視音樂教學能力，每間教室幾乎都有一架鋼琴。雖然我們缺乏有關鄧雨賢的音樂啓蒙資料，但可以斷言，師範教育對他日後的音樂生涯影響頗巨。

據鄧雨賢的同窗室友、名畫家楊啓東描述，師範學生時代的鄧雨賢是一位內向、木訥的好學生，似乎很少用閩南話與同學交談。日後他爲閩南語創作歌謠譜下那麼多優美旋律，眞是當年所料想不及。

擔任教職　沉迷音樂

一九二五年，二十歲的鄧雨賢從台北師範學校本科畢業，被派至大稻埕日新公學校（今日新國小）執教。當年，台籍學生被派任教員者稱爲「訓導」，具「文官資格」，兩年後可著「文官服」；因帽子和上衣袖子圈有金巡，所以有「金巡仔官」的稱號。身爲金巡仔官的鄧雨賢走在大稻埕街頭，人人都投以敬慕的眼光。

鄧雨賢在第一年擔任導師時，班上有位學生叫鍾福財，即是戰後台語電影的甘草人物「矮仔財」。矮仔財在日據時代也是一位歌星，曾和亦師亦友的鄧雨賢在古倫美亞公司共事。

一九二六年，奉父母之命、媒妁之言，鄧雨賢和畢業於台北州立第三女子高等學校的鍾有妹結婚。

鄧雨賢身上的音樂細胞十分活躍，據說他吃飯時，慣用竹筷敲打碗墘（邊）尋找節拍；入廁時也哼著浮在腦中的旋律。他擔任三年教職，終因壓不住對音樂的執迷，留下妻子，隻身負笈日本，進入東京一家歌謠學校研習作曲理論。

學成後返台，竟因無一展抱負的地方而蝸居台中，在地方法院擔任通譯官，月俸五十圓，比教員的薪水還低（一九二九年，他的月俸是五十三圓）。還好不到一年，他一展雄圖的機會終於來了。

投效歌壇　作品風行

第一首台語電影宣傳的歌曲〈桃花泣血記〉在一九三二年風靡全台後，引起一些唱片公司老闆的投資興趣，於是廣求人才，準備開發市場，好好賺上一筆。設在台北市永樂町（今迪化街）的文聲唱片會社負責人江添壽也順應市場需求改弦易轍，從原本灌錄歌仔戲、民間笑劇和說唱，擴及流行歌曲唱片。鄧雨賢爲文聲唱片寫了一曲〈大稻埕進行曲〉（作詞者不詳，如今此曲已失傳）而初露頭角；這位台灣第一位譜寫閩南語歌曲的客家人的卓越才華，立即引起執唱片業牛耳的古倫美亞唱片會社的注意。

當時首樹先聲、大力倡導閩南語流行歌曲發行的，是古倫美亞唱片株式會社負責人柏野正次郎，擔任經理的是黃韻柯。一九三三年，

鄧雨賢作曲、廖漢臣（文瀾）作詞的〈琴韻〉是一首好歌，可惜沒有流傳。「琴聲響，無停時……，」筆者曾聽廖老唱過此曲，也為它的「沉寂」感到落寞。

柏野禮聘活躍於台灣新文學運動的陳君玉出任文藝部部長（等於主任級）。陳君玉上任後，努力網羅各方人才。

陳君玉很賞識〈大稻埕進行曲〉，認定鄧雨賢將是開拓閩南語歌謠旋律園地的不二人選，於是努力遊說鄧雨賢進入古倫美亞擔任作曲專員，並和剛離開牧師職務的姚讚福，以及台灣民眾黨宣傳部長盧丙丁的夫人林氏好（戰後更名林是好）訓練歌手演唱。

投效古倫美亞的鄧雨賢果然不負「重望」，第一年即以〈望

鄧雨賢投效流行歌壇後，即成為「偶像作曲家」；他以這張簽英文名字的照片送給樂迷。鄧雨賢的作品，即是「好歌」的保證。

春風〉〈月夜愁〉〈老青春〉〈跳舞時代〉〈橋上美人〉等曲躍登作曲翹楚。翌年，又以〈雨夜花〉〈春宵吟〉〈青春讚〉等曲睥睨四方，和當代流行歌曲作家把閩南語流行歌曲帶進百花爭綻的境地。

後數年，更以〈滿面春風〉〈碎心花〉〈想欲彈同調〉〈南風謠〉〈琴韻〉〈四季紅〉〈四季謠〉贏得最受歡迎流行歌曲作曲家寶座，與蘇桐、姚讚福、邱再福並稱當代流行歌壇作曲「四大金剛」。

鄧雨賢創作之餘，也不忘採集傳統民謠和戲曲做爲寫作的素材和養分。他的田野工作記下了七字背、六孔興調、客家調、山歌……，有的還另加詮釋，譜上鋼琴伴奏譜，顯見其多麼重視「活」在民間的文化資源。

結合大衆　重視民樂

一九三四年，台灣新文藝作家決議成立台灣文藝聯盟，經半年籌備，創辦了《台灣文藝》月刊雜誌。《台灣文藝》曾邀請當代美術、音樂、戲劇、書法等藝術工作者舉行一場「文聯主辦綜合藝術座談會」，一九三六年三月發表座談會紀錄，鄧雨賢以音樂家身分受邀與會，他在會中對創作歌謠的走向提出了剴切的檢討：

……不但是音樂家，我想，畫家、文學家也一樣，認為藝術只是他們這些研究者的獨占品，是和大眾游離的東西，自己高高在上，有輕視一般大眾之嫌。

如果可能，藝術家應該和大眾更緊密的結合在一起，從而完成他本來的使命。幸而我和唱片公司有關係，有較多的機會去接近大眾；我能不客氣的說：

現在的台灣藝術已經成為一部分白領階級的娛樂機關，實在需要改進和大眾一同鑑賞藝術的態度。

面臨西方文化不斷湧進台灣，如何使鄉土文化更爲落實，鄧雨賢從音樂角度指出他的觀點：

> 這是一個過分崇信西洋文物的時代，當然西洋文物有不少可以攝取的地方。但西洋音樂也有腐敗的地方，所以不一定非西樂不可。
>
> 台灣音樂水準較低，一開始就只推行西樂的話，大眾不容易理解，結果會使音樂和大眾分離。所以就原有的台灣音樂（例如歌仔戲，有非藝術性的俗惡地方不少）改作melody，或改善歌詞。
>
> 我是說應該從這種地方著手。本人在四、五年前就開始研究這些問題，很可惜尚未有傑出作品出現。

鄧雨賢在座談會上，以他從事流行歌曲工作的立場，還自我期許的如此表示：

> 唱片具有廣受大眾愛好的先決條件，所以我想在這方面更加努力。」

鄧雨賢不僅提出「論點」，也開始實踐其理想，努力採集整理〈艋舺新背調〉〈新雪梅思君〉〈番婆調〉〈七家調〉〈客人調〉等歌謠。但是他的期望和努力落空了。在政治高壓下，不得不循著「政令」創作。

曲在詞改　換姓改名

一九三七年，日本發動七七事變，台灣總督爲配合侵華行動，皇民化運動甚囂塵上，皇民奉公會的外圍組織——台灣演劇協會成立後，強制推行新台灣音樂，規定台灣的曲調需用日語歌詞演唱，完全扼殺了當代流行歌曲作家的自由創作。

日本軍閥陷入戰爭泥沼，既乏兵源，又少勞動力，便不斷強徵台胞當軍伕、志願兵。年輕人不是被徵調到軍事工地做無報酬勞動的「勤勞奉仕」，就是被送往前線爲日本人賣命。

日本統治當局爲加強戰時體制，鼓勵台灣人參戰，以及完成大東亞共榮圈的使命，需要製作宣傳歌曲激勵士氣。他們先找了鄧雨賢膾炙人口的〈望春風〉旋律，更改爲日語歌詞，並另命題爲〈大地在召喚〉；而後再向〈月夜愁〉〈雨夜花〉開刀，利用兩曲的旋律改塡成「時局歌曲」——〈月夜愁〉成了〈軍伕之妻〉，〈雨夜花〉則變爲〈名譽的軍伕〉。

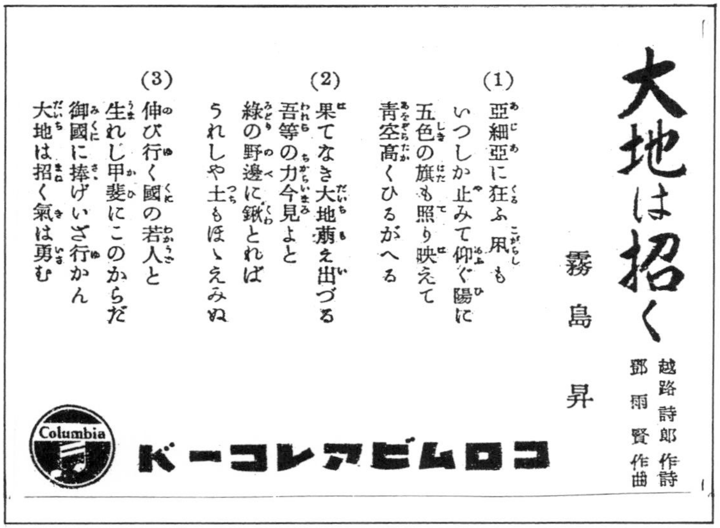
大地は招く

霧島昇

越路詩郎 作詩
鄧雨賢 作曲

(1)
亞細亞に狂ふ風も
いつしか止みて仰ぐ陽に
五色の旗も照り映えて
青空高くひるがへる

(2)
果てなき大地萠え出づる
吾等の力今見よと
緑の野邊に鍬とれば
うれしや土もほゝえみぬ

(3)
伸び行く國の若人と
生れし甲斐にこのからだ
御國に捧げいざ行かん
大地は招く氣は勇む

● 〈望春風〉深入台灣人心，衆所周知，日本殖民政府推動皇民化運動，將此曲披上「戰衣」，填上〈大地在召喚〉的日本歌詞；這種做法，顯然是對藝術的污辱。

鄧雨賢的作品被披上了「軍裝」，原是愁怨緩慢的旋律，變成了激昂雄壯的進行曲。他們強迫教唱，務求每位台灣人朗朗上口。這應不是統治當局「懶」得再找音樂家創作，而是知曉刻意的作品未必會比利用台灣人民傳唱的旋律，效果來得大。

鄧雨賢的作品被污染，卻莫可奈何，他還得配合殖民政府皇民化的要求，於一九四二年更名改姓爲「東田曉雨」，另以「唐崎夜雨」的筆名譜寫日文歌詞的時局歌，以呼應統治者要求。

戰時風行一時的〈月昇鼓浪嶼〉，即是鄧雨賢「應時」之作，由廣播電台文藝部的日本人中山侑作詞；古倫美亞唱片只付給鄧雨賢五十圓作曲費，而給中山侑的稿酬卻是兩百圓。在這一段風聲鶴唳、厲行南進政策的時期，鄧雨賢還有〈鄉土部隊的來信〉〈望鄉之歌〉〈南海的花嫁〉等作品。

遷居鄉下　英年絃斷

一九三九年八月三十日，他辭去古倫美亞唱片公司的工作。此時戰事轉烈，盟軍飛機頻頻轟炸台灣。一九四〇年，鄧雨賢一家爲了逃避空襲，離開了台北市，疏散到新竹芎林庄鹿寮坑，重拾放棄多年

揚名流行歌壇的鄧雨賢，英氣煥發，戰爭期間「躲到」鄉間，不僅心情鬱悶不樂，身體也每況愈下，以致英年早逝，實是台灣樂壇的損失。

的教鞭，和妻子鍾有妹一同任教於芎林公學校，並兼任當地民眾補習班主任。

鄧雨賢從一向過慣了的都市生活來到物質缺乏、一面靠山一面臨頭前溪的鄉間，必然過著清苦的日子，然而他仍憧憬著未來的藝術生命，不忘創作。鄉居生活對他而言，未嘗不是韜光養晦的時期。

然而，命運卻殘酷地捉弄他。「一日風、二日霜、三日日頭光」，大家盼望的終戰終於來臨了，可是鄧雨賢卻因原本就不健康的身體，加上戰時物資、藥品缺乏，還沒有「望」及「春風」，就在日本無條件投降前一年又兩個月—

● 鄧雨賢僅有三十九春秋歲月，卻為台灣人留下了〈望春風〉〈雨夜花〉〈碎心花〉〈滿面春風〉〈四季紅〉等名曲，「藝術永恆」何嘆「人生短暫」？

一九四四年六月十一日，不幸以肺病和心臟併發症逝世於芎林，得年僅三十九歲，和西洋音樂大師孟德爾松．福斯特同壽，遺下妻子、三個男孩和一位遺腹子。

鄧雨賢的鋼琴、小提琴、曼陀林、吉他等樂器的造詣都可圈可點，他譜曲的工具也都是這些西洋樂器。難能可貴的是，他的作品具有誠摯、素樸的「台灣民謠風」韻律，可惜天妒英才，他未及留下與其他西洋音樂大師等量齊觀的作品。不過，〈望春風〉〈雨夜花〉〈四季紅〉〈碎心花〉〈滿面春風〉等台灣人耳熟能詳的曲子，必將世代相傳。

一九四八年六月一日，鄧雨賢的半身紀念銅像矗立於桃園縣龍潭鄉之波光粼粼的龍潭埤畔，一位逝世已經三十九年的作曲家，終於在他的故鄉占有了「一席之地」，這也是台灣本土音樂家的第一座紀念銅像，以曲線優美的乳姑山爲背景，並且遠望著雄麗的插天山。鄧雨賢的一生，不也印證了「人生短促，藝術永恆」的眞理嗎？

鄧雨賢年表

1906	01歲	七月二十一日出生桃園龍潭。
1908	03歲	隨父遷居台北艋舺。
1974	09歲	入艋舺公學校。

年份	年齡	事蹟
1920	15歲	小學畢業，考進台北師範學校本科。
1925	20歲	台北師範學校畢業，分發於大稻埕日新公學校。
1926	21歲	與鍾有妹結婚。
1929	24歲	辭卸教職，往日本研習作曲理論。
1931	26歲	任職台中地方法院通譯官，一年辭職。
1932	27歲	創作〈大稻埕進行曲〉。
1933	28歲	創作〈望春風〉〈老青春〉〈跳舞時代〉。
1936	31歲	《台灣文藝》發表鄧雨賢對創作歌謠的見解及期望。
1937	32歲	支那事變（七七事變）爆發。
1939	34歲	辭去古倫美亞唱片工作。太平洋戰爭作品〈望春風〉〈雨夜花〉〈月夜愁〉被改填爲〈大地在召喚〉〈榮譽的軍伕〉〈軍伕之妻〉等時局歌曲；亦創作數首宣民歌曲。
1940	35歲	遷居竹東，與太太任教芎林公學校。
1942	37歲	以「唐崎夜雨」筆名寫歌；五月六日更改爲日本姓氏「東田曉雨」
1944	39歲	六月十一日病逝芎林。

（1909～1979）

春風傳情訴心聲

李臨秋

「我是大稻埕建昌街人，」李臨秋總是如此介紹自己。大稻埕的茶香歲月，與淡水河的航運息息相關，李臨秋的故居就是在淡水河邊的「港町」（日治時期的建昌街）。

台語流行歌曲發軔於一九三二年，雖然在日據時代僅「存活」八年，一九四〇年因台灣總督府極力推行皇民化的「新台灣音樂」運動而橫遭禁唱，但無可否認的，在台灣聲光電化尚未普及的年代，流行歌曲和歌仔戲是民間一般娛樂的兩大主流。

戰後，台語流行歌曲再度傳唱，但在政治的愚弄下，曾被視爲庸俗、低劣、粗淺的音樂；不過不少突破時空的作品，與這塊土地的人民血脈交流，同其節拍，同其旋律，已經被視爲「永恆的民謠」。這正說明只要經過歲月的洗滌錘鍊，流行歌曲也必成爲文化資產。

劇院工友　投效影劇

李臨秋是早期台灣流行歌曲的播種者之一，也是傳遞民間音樂薪火的工作者，他的作品不以量取勝，傳世的幾首作品也難稱字字珠璣，但對於方言遣字用詞的細膩、嚴謹、獨特，少有人可以抗衡，尤其對民間語彙的應用更是得心應手，創作的雋永詞句深受大眾喜愛，其能達「凡有井水處，即能歌李詞」的程度，決不是偶然。

李臨秋，台北市人，一九〇九年四月二十二日出生於「雙連」。雙連俗稱「雙連陂」（陂、埤指的是池沼），也有人連鄰地一帶稱爲「牛埔仔」，因是牧童放牛之草埔而得名。「雙陂相連，灌溉田一百餘甲」的雙連陂，後被填平，設有雙連火車站，是台北通往淡水的「北淡鐵路」圓山站的前一站，曾是大稻埕南北貨轉運站。「雙連」二字，今幾爲人所淡忘，惟今之中山北路基督教長老會雙連教會和台北捷運淡水線的雙連站保有此地名，尚餘昔舊的幽情。

李臨秋出身殷實糧商，日後家道中落。他八歲就學，天資聰敏，屢獲品學兼優獎狀；十四歲畢業於台北市大龍峒公學校（今大龍國民小學，校址在孔子廟側）即不再升學。十八歲那年，父親替人作保遭到連累，含憂而逝，家庭重擔不得不由他一人獨擔，因此以當小販賺蠅頭小利，甚至煎紅豆餅的工作也做過。後進入「高砂麥酒株式會社」（今建國啤酒廠）做「給仕」（工友）。雖然是酒廠工友，但他上進心很強，不忘念書，〈千家詩〉朗朗上口，古典章回小說部部瞭若指掌。

李臨秋母親的二叔陳天來是大稻埕茶葉鉅子，一九二四年在永樂町（今迪化街四十巷）營建豪華劇場永樂座；陳家知道李臨秋的困境，要他到劇場當茶房。

當時正是大稻埕茶香歲月的飄香期，這個繼艋舺（萬華）、大龍峒而興起的台北市新社區，茶行、茶館、茶棧林立，陳天來開設的錦記茶行，是大稻埕最華麗的建築。這位執茶葉界牛耳的大亨，因致力發展台灣茶進軍南洋市場而致富，曾任台灣茶商公會會長，努力奔走「製茶稅」之廢止運動，得台灣總督石塚支持，終奏其功，對同業的福利眷顧頗多。

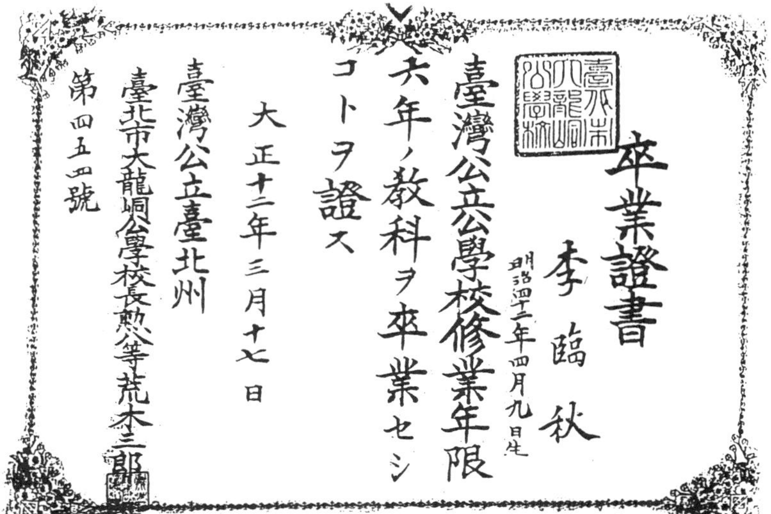

卒業證書

李臨秋
明治四二年四月九日生

臺灣公立公學校修業年限
六年ノ教科ヲ卒業セシ
コトヲ證ス

大正十二年三月十七日

臺灣公立臺北州
臺北市大龍峒公學校長從八等荒木三郎

第四五四號

李臨秋說他是「公學士」，意即「小學畢業」。這是他的「最高學歷證書」——大龍峒公學校畢業證書，即今日台北市大同區的大龍國小。

除了茶業，陳天來也從事多角經營，酒樓蓬萊閣、第一劇場、永樂座便是他眾多投資中的著名餐飲、娛樂事業。李臨秋進入永樂座，即落籍大稻埕建昌街（日治時代稱爲「港町」，今西寧北路八十六巷）。他從一名小廝幹起，嚴守本分，不忮不求，後遵循東家旨意，投效影劇娛樂事業，直至升爲經理，一生盡瘁於斯。他終老前，也一再以身爲大稻埕人自豪，因此有人以「大稻埕風流人物」介紹他，就是這個緣故。

永樂座是台灣人的劇場、電影院，當時日本人的娛樂中心則在西門町。永樂座落成於日本昭和天皇還是皇太子時，舉行成婚大典的那一年；大陸請來的京班、上海班、福州班劇團都曾在此演出。永樂座也曾排演過「新劇」，更重要的是一九三一年，領導台灣人以政治結社抗日，有「台灣人救世主」之稱的蔣渭水，他的告別式——當時稱爲「台灣大眾葬葬儀」，也在此舉行。李臨秋一生的主要歲月就在永樂座，因此他有不少特殊的閱歷和經驗得之於永樂座。

李臨秋有「英雄不怕出身低」的抱負，工作之餘手不釋卷，勤快、機靈、主動，很得東家賞識。

撰寫歌詞　歌壇揚名

一九三二年，上海出品的電影〈桃花泣血記〉來台放映，電影業商設計了以劇情概要編寫歌詞，再請人譜曲做爲廣告歌招徠顧客的方法，十分有效，於是競相效尤，李臨秋也躍躍欲試。

適巧，有兩部「影戲」（電影）——〈懺悔〉〈倡門賢母〉也正欲推出，李臨秋初試啼聲，寫了這兩首與電影同名的廣告歌詞，由歌仔戲班後台樂師蘇桐譜曲，推出後很快由廣告歌曲成爲流行歌。

〈倡門賢母〉和〈懺悔〉是繼〈桃花泣血記〉後的第二、第三首流行歌；之後被古倫美亞唱片收錄製成七十八轉唱片發售，風靡全台，李臨秋的才華備受矚目，被延攬爲專屬作詞家。

一九三三年，李臨秋以「拂牆花影動，疑是玉人來」的意境，寫出了台語流行歌曲不可動撼的歷史名作〈望春風〉。

獨夜無伴守燈下，
清風對面吹，
十七八歲未出嫁，
當著少年家，
果然標緻面肉白，
誰家人子弟，
想欲問伊驚歹勢，
心內彈琵琶。
想欲郎君做翁婿，
意愛在心內，
等待何時君來採，
青春花當開，
聽見外面有人來，
開門該看覓，
月娘笑阮戇大獃，

一九三三年，李臨秋作詞的〈望春風〉，由古倫美亞發行七十八轉的唱片。作家東方白說：「〈望春風〉的歌詞是台語歌曲當中最富文學、最美意象的一首。」

被風騙不知。

〈望春風〉由客籍音樂家鄧雨賢譜曲，古倫美亞灌錄發行後暢銷全台，李臨秋在台語流行歌壇作詞的地位更上一層。

根植於傳統文學，而又捕捉當時民風的〈望春風〉，時年二十五歲的李臨秋從〈西廂記〉中的名句得來靈感，寫成口語化的閩南語，再將意境延伸到「聽見外面有人來，……被風騙不知」，充分流露懷春少女欲前又怯的心理，難怪風靡當時年輕人。日後有人將其演繹成對美好事物的憧憬與思懷，如此「心曲」，怎能不成爲經典歌謠。

他陸續爲上海輸台放映的電影創作了〈一個紅蛋〉（鄧雨賢曲）、〈人道〉（邱再福曲）等作品，頗受好評。

李臨秋只有公學校的文憑，對自己的小學學歷常以「公學士」自我調侃，但由於愛好漢學，文學素養不錯，創作歌詞之餘，也嘗試寫作劇本。一九三七年，「第一電影製作所」籌資拍攝影片〈望春風〉，即敦請李臨秋編寫劇本。對此交付，他樂以應命，就當起了劇作家，完成了全八本的〈望春風〉劇本；此影片由日人安藤太郎和台籍的黃梁夢共同執導，音樂由王雲峰負責，被認定是日治時代在台拍攝水準較佳的第一部電影。

一九三八年，李臨秋與鄧雨賢共同爲呂王平創設的日東唱片跨刀，發表了〈四季紅〉。這首描寫四季的男女歡愉戀情，更掀啓了嚮往自由戀愛的年輕人的心，令大家齊聲歌詠著這首「朱朱紅」的愛情頌歌。

李臨秋似乎獨鍾以描寫四季遞嬗來詮釋男女情愛的歌詞創作，〈對花〉〈四時春〉〈空谷蘭花〉〈四季譜〉即是此類作品，每一首的景致、情懷、意興都充滿著活力與動感，例如〈四時春〉：

桃花春風送胭脂，李花浮白無香味；
舊情綿綿思想起，甘蔗好食倒頭甜。

玉蘭開花在夏天，蓮花戲水鴛鴦池；
感情外好無地比，鳳梨入嘴酸澀甜。

桂花細蕊芳四邊，菊花招月比門圓；
愛情偉大通萬里，芎蕉到分透心甜。

梅花開在白雪堆，綠竹迎風等春意；
真情流露感動天，柳橙薄皮糖蜜甜。

〈四季譜〉則揚棄了一向歌詠男女思慕情愫的體裁，仍然生氣十足。

春天皆新意，大家笑微微；
花園看景致，
萬紫千紅果倒枝，
蝴蝶與花纏，鴛鴦挑平平，
大家啊！青春不追等何時。

夏天汗滹滴，燒熱風斷絲；
來去港仔墘，
划船泅水學潛汨，
男女做一池，順手來掠魚，
大家啊！千萬不可失良機。

秋天免用扇，心涼會開脾；
中秋月光暝，
老幼相招賞月圓，
行偎燈謎邊，大聲對唐詩，
大家啊！通鼓一聲嘴希希。

冬天寒無比，霜風冷吱吱；
緊來抄冬圓，
歸桌山珍佮海味，
彼碗白木耳，這盤五柳枝，
大家啊！花天酒地著惜錢。

破網補心　投資電影

戰後初年，時年三十九歲、已有六個男孩的李臨秋，家庭負擔沈重，當時百業蕭條，不過他的夫人「罔仔」（小名）勤於持家，讓他不必爲家計操勞，繼續創作。一九四八年，他爲永樂戲院（即戰前的永樂座）上演的舞台劇〈補

破網〉寫了一首主題歌，經王雲峰譜曲，風靡一時，人人耳熟能詳。這首代表「補希望」（補魚網的諧音）的〈補破網〉，雖是一首「補破網補情天」的情歌，因流行於戰後初年，表達了受盟軍轟炸之後百廢待舉的人民心聲，以及「二二八事件」的裂痕期待融和的願望，使它和戰前的〈望春風〉成爲他的招牌歌曲。

一九五八年，李臨秋鑒於台語創作歌曲日趨式微，認爲有喚起民眾認知其內涵的必要，而與戲劇家呂訴上共同在台北市三軍球場（今北一女中前介壽公園）主辦了一場盛大的台語歌謠大會。

李臨秋曾在中年時投資台語影片，希望藉由自己創作的劇本，提升台灣影業的水準，此照為他與電影女星丁蘭的合影。

而後，他於台語影片興盛時期，約集友人投資拍攝〈桃花江上桃花鄉〉〈搖鼓記〉兩部台語片，可惜賣座平平。

永樂戲院因經營困難，陳天來的子孫出售產權，被拆建成兩列布市，李臨秋也終告退休。彼時也正是台語歌謠沒落之期。從此他不聞世事，蝸居在鬧街小巷，沽酒度日，不再創作。

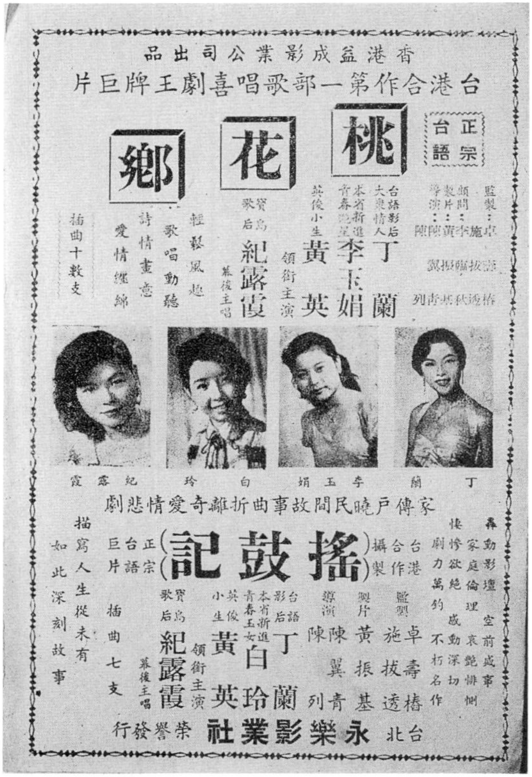

● 台語影片興盛時期，李臨秋參與並投資〈桃花江上桃花鄉〉和〈搖鼓記〉兩部電影，可惜他「轉行」電影業的願望，因賣座平平而未實現。

● 〈桃花江上桃花鄉〉的台語電影海報，由李臨秋擔任顧問，該片標榜的是「台港合作第一部歌唱喜劇片」。

沾酒創作　舊作仍醇

「紅露酒、玉蘭花、深夜」是李臨秋創作不可缺的三要件。他嗜酒如命，還認爲「酒中自有好詩詞」呢，因此有人說李臨秋的筆是沾著酒創作，而他的靈思如湧是酒精所激發的。

這位「酒中仙」的作品，如〈望春風〉〈四季紅〉〈補破網〉，曾在政治框框的解釋下，先後遭到短暫禁唱的噩運，但他並不灰心，而且很自信地說，這些作品最後仍將世世代代傳唱下去！

一九七七年，「電腦音樂家」林二偶然結識了這位當年歌壇的作詞泰斗，無奈此時李臨秋因爲中風，雙手抖顫得不能再握筆了，說話也結結巴巴，難將意思表達。然而他沒有讓林二失望，翻箱倒櫃找出塵封已久的三首舊作——〈相思海〉〈半暝行〉〈小陽春〉，交由林二譜曲發表。想不到〈小陽春〉被列爲「限制級」歌曲，而〈相思海〉也被更動了一句詞：「海水大半阮目屎」改成「海水流落爲了愛」。

〈半暝行〉寫會情郎的景況，生動活潑，是難得的好詞：

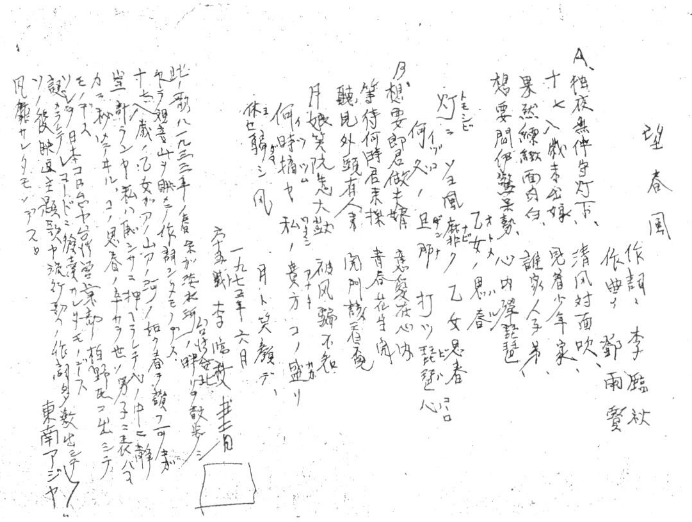

李臨秋在六十五歲時因中風而雙手不靈活，但仍親筆寫下這張手稿，追憶他在四十年前，亦即二十五歲時創作〈望春風〉的動機。

半刻也著拚，空想費心晟；
開後門，身偎壁，
捻腳步，摸蝦行，
為著兄，啊！摸蝦行，
啊！兄仔喂！勝過你開大門出大廳。

暝半月半影，春色沿路迎，
小黑狗，吠昧定，
假拔鞋，乎伊驚，
為著兄，啊！乎伊驚，
啊！兄仔喂，勝過你擲石頭叱三聲。

行到要半命，無見您厝庭，
寮溪水，爬山嶺，
腳手軟，罔忍痛，
為著兄，啊！罔忍痛，
啊！兄仔喂！勝過你騎寶馬遊四城。

李臨秋經由林二的推介，頻頻在傳播媒體下現身、現聲；經由他出面解釋，原先被電視台以譏諷時局而列爲禁歌的〈補破網〉，得以被視爲「情歌」而在螢光幕演唱。〈望春風〉也不因海外異議分子喜愛「合唱」，而顯得那麼「敏感」；〈四季紅〉亦早改了「紅裝」，改題爲〈四季謠〉了。

李臨秋（中）晚年被發掘後，才有上電視亮相的機會，這是他於一九七六年上「蓬萊仙島」節目接受製作人侯世宏（右）的訪問。

他知道台語歌謠再起的時機已經來臨，所以一再鼓勵後進，承續創作的薪火，並收青年歌手林詩達爲義女，交付〈雨紛紛〉〈白茉莉〉兩首歌詞，由她譜曲。

永恆歌謠　餘韻不絕

李臨秋早年即涉足台語流行歌壇，除了一九三三年祖母病故，家中缺錢辦理喪事而漏夜含悲寫作，以便向古倫美亞唱片「典當」歌詞，預支版稅做爲喪葬費用外，他可以說是全以「平常心」寫作。他有一份安定的工作，生活不像

當代某些流行歌曲作家那麼落魄無助，所以並未專一投身其中。與其說寫詞是他的副業，倒不如說是他的酒資。他好客成性，稿酬都換成一杯又一杯的酒，和「道友」乾杯下肚，也因爲嗜好杯中物，摧毀了他晚年的健康。當他歡度七十歲生日時，曾滿足地說：「我能活到古稀壽，搭乘公共汽車可以享受半價優待，還有什麼再可需求？」豁達開朗的個性，常在與他對飲時就可以感受得到；如果他知道今日公車的敬老票是免費的，他必然會期待再多活幾年，欣然接受這項優待。

所謂赴約遲到的「台灣時間」，他深不以爲然。李臨秋的屘子李修鑑形容他父親：「一生重信、守諾又性急。」請帖寫晚上七時的宴會，他老人家往往在下午四點鐘左右即西裝革履、拿著拐杖，全副「武裝」在家門前的「亭仔腳」準備赴會。他把人家的邀請當做一件盛事，寧可早去而不遲到，更不會不到，像這種執著的行爲，豈是「守舊」可以言盡？

李臨秋晚年，常常到淡水河畔的河濱公園散步、找朋友聊天，以及寫些感言，此時雖不良於行，但只要不是下雨天，他必定前往。

李臨秋晚年津津樂道的兩件事是：一位旅居加拿大多年的台灣人聽說〈望春風〉的作詞人還健在，專程遠道返台，登門向他表示敬仰之意。台灣大學某社團的負責人訪問他時，表示同學能唱校歌的沒有幾位，但〈望春風〉卻沒有不會唱的，因此說是學校的「第二校歌」也不為過。

李臨秋最喜歡的一幀照片，他說這個鏡頭捕捉了他的最好「神韻」，一點也看不出他「有病在身」。

一九七九年二月十二日，李臨秋逝世於大稻埕西寧北路八十六巷的老宅，享年七十有一。林二、李安和、李季準和年輕歌手孫德銘、葉東安、歐相宙等人趕來參加追悼會，大家唱著〈望春風〉〈補破網〉來表示哀思。「餘韻流徽」（吳三連）、「樂壇耆宿」（戴炎輝）、「藝苑長昭」（陳奇祿）等名流的輓詞，肯定了他一生的貢獻。

「蓬萊仙島」節目製作人侯世宏的一幅輓聯，更說明了李臨秋在台灣歌謠史上的不朽地位：

望春風，傳情、傳族聲、傳萬世，
補破網，補情、補民心、補人間。

李臨秋軼事

再「補」一段的〈補破網〉

李臨秋僅有小學學歷，但他對台詞用詞遣字的工夫獨到，令人讚服。

李臨秋創作的歌詞一向是二段或四段，唯獨〈補破網〉三段，有其道理。

原本〈補破網〉是二段詞，第一段是「找傢伺補破網」，第二段是「全精神補破網」，有關單位以詞義灰色，要求改善，他不得不再以第三段詞「今日團圓心花芳，從今免補破網」來做喜劇收場。

他說從「見著網，目睚紅」到「全精神補破網」已經是跨越失望，懂憬將來，再來段「魚入網」收場，實有畫蛇添足之感，因此他晚年希望大家不要再唱第三段，因爲那是不由衷寫下的詞。

詩家清景在新春

李臨秋晚年「看破世事」，不再創作，每日沽酒度日。一九七七年，他在林二教授要求下，翻箱倒櫃找出〈相思海〉〈半暝行〉〈小陽春〉三首舊作。

林二譜完此三首佳構後，急著發表，不料送審時，〈小陽春〉在「淨化歌曲」下未獲通過。其實熟悉李臨秋「個性」的人都知道，這首歌是他的得意之作：

月落天色漸黃昏，西山光景目轉輪，
此時不　那有本，老人也著小伸輪，
來尋桃源，好食睏，好食睏，桃紅又見一年春。

月色清亮傷腦筋，隔壁花影又迷魂，
途中狗吠阮無忍，尋花問柳月穿雲，
風流歌詩，送情分，送情分，詩家清景在新春。

星河小娘來會君，牛郎織女坐同船，
雙人得意嘴肉咬，歡喜順續舌交唇，
心花齊開，亂紛紛，亂紛紛，萬紫千紅總是春。

● 李臨秋一生的創作，都以平常心完成。他好客成性，稿酬都換成一杯一杯的酒。

李臨秋年表

年份	年齡	事蹟
1909	01歲	四月二十二日出生於台北雙連。
1923	15歲	畢業於大龍峒公學校。
1924	16歲	任職高砂麥酒株式會社，做工友。
1930年代	22歲	服務永樂座，擔任影劇文宣工作。
1932	24歲	創作〈倡門賢母〉和〈懺悔〉兩部電影宣傳曲。
1933	25歲	發表〈望春風〉。後又有〈一個紅蛋〉〈人道〉之作。
1937	29歲	撰寫電影劇本〈望春風〉全八本。
1938	30歲	發表〈四季紅〉。
1948	40歲	爲舞台劇〈補破網〉寫主題曲〈補破網〉。
1958	50歲	與呂訴上策劃在台北市三軍球場的台語歌謠大會。
1977	69歲	林二發表李臨秋舊作〈相思想〉〈半暝行〉〈小陽春〉；林詩達則譜〈雨紛紛〉〈白茉莉〉。
1979	71歲	二月十二日逝世於大稻埕。

讓世界傾聽的台灣音樂家

江文也

（1910～1983）

【語錄】

●「追求總不如捨棄，我該徹底我自己！」

●「天有清澄的樂音，地是沈默地深沈，人呢？只有他，是煩亂的雜音。」

【評價】

●「江文也多苦多難的一生所創造的樂曲，是我們全體台灣人的。讓大家來接受來喜愛已冰凍三十多年的江文也的音樂吧！不管它是在斷崖深處、冰山底層，祇要是台灣人的，它必能為我們帶來其他偉大音樂家所沒有的感動。」——謝理法

小基隆（三芝鄉）人的江文也，其父經常往返淡水、廈門，從事海峽兩岸貿易。江家與淡水港關係密切，相信淡水的風帆在江文也的兒時記憶中，也印象深切。

台灣首位揚名國際的音樂家江文也，本名江文彬，筆名茅乙支。一九一〇年六月十一日出生於淡水郡小基隆（今台北縣三芝鄉），里居地是舊名「蠶仔厝」的新庄村。日據時代的淡水郡不等於今日淡水鎮，不少人說江文也是台北縣淡水鎮人，是不正確的。

原鄉台灣　永烙心坎

江文也祖先的原鄉是福建永定，祖父時代移居台灣；而他自己的「精神原鄉」則是台灣。

江文也排行老二，有兄文鐘、弟文光；父親江長生營商，從事海峽兩岸貿易，經常往返淡水、廈門之間，不僅在今橫山村大坑置有田產，也在廈門購屋，因此江文也在五歲時即隨父親移居廈門（另有一說是他在八歲始離台

風度翩翩的江文也學的是電氣工程，但他對藝術有一股永不熄滅、熱愛的心，使他選擇音樂做為一生志業；他不僅以音符寫人生，也用文學修飾音樂。

灣）。瀕海的台灣農村，在他的童年歲月中留下了不滅的痕跡，也是他生活在台灣僅有的「最長」時光。

二十五歲那年，江文也在日本參加「鄉土訪問音樂團」，來台「旅行」演唱，停留不過數日而已。據說他在戰後也曾返鄉，不過暫留的天數也很短。五年的兒時光景一直留在江文也的心坎中，所烙下的景象和感情極爲深刻。他雖然「漂泊」在外的歲月居多，但歸鄉情熾永遠流露在他的創作之中，誠如他寫下的感懷：

> 我認為南海那個美麗的白鷺之島的血液，是無比的美麗、優秀的。我抱著它而生，也將死去，這不僅僅是願望，而是這樣做下去！

江文也在九歲進入廈門旭瀛書院就讀，該校是台灣總督府創辦、專供台籍學生就讀的日語學校。

渡日留學　棄工從商

一九二三年，江文也從廈門到日本留學；一九二九年三月，從長野縣立上田中學畢業。他後來走上藝術創作之途，與此時期受到開啓明治浪漫主義大詩人島崎藤村的薰陶有關，因爲這位大師是他的「國文課」老師。

中學畢業後，他考進東京武藏高等工業學校電氣科，修習電氣工程。基於對音樂的熱愛，他常利用課餘到上野音樂學校夜校做「校外生」，選修聲樂，擔任男中音。然而他對基礎課程並不感興趣，卻偏好當時「現代樂派」的作品，後來就不去上野音樂學校了。據說，此後有一段時間「每天都去一家叫

『TAD』的咖啡店，該處是藝文人士聚會之處，咖啡店每天都播放著最新派的音樂，如史塔溫斯基、拉威爾、巴爾托克、德布西等人的作品。文也每天坐公車去，叫二杯咖啡，各放五顆糖，因為這樣咖啡太甜，不能喝，只能吸啜，所以文也就整天在咖啡店裡，一邊讀著總譜、一邊聽著音樂，文也的音樂大都是自修得來的。」（據曹永坤之談話）。

二十二歲，工業學校畢業後，家道中衰，江文也必須打工賺錢，然而他毅然走向音樂之途。江文也曾私下拜師於留德的日本樂壇大師山田耕筰學習作曲，惟他日後創作的前衛風格，顯然與這位日本「德國樂派」大師背道而馳，沒有受其影響。

進軍樂壇返台演唱

江文也在音樂生涯爭得榮譽，是從聲樂開始。一九三二年和一九三三年，他兩次參加

江文也不僅是作曲家，也是聲樂家，他唱男中音。此照為他在日期間，參與合唱團活動，擔任指揮的情形。

了時事新報社（後由每日新聞社接辦）主辦的「日本全國音樂比賽」聲樂組競賽，雖未獲得名次，但初試啼聲便已入選，實屬不易。他也因有此成績，得以進入在日本演藝界頗負盛名的「藤原義江歌劇團」，成了職業演唱家。他曾擔任普西尼〈波西米亞人〉一劇中蕭納德的角色；二十三歲時，他和上田中學同學，亦即上田市市長的女兒龍澤信子，由相互愛慕而私定終身。江文也的第一次婚姻對象，就是這位出身貴族家庭的日本女人。一個殖民地的年輕人能高攀上貴族之女，江文也的「女人緣」令人刮目相看。兩人育有四女；後來江文也離開她們母女，遠赴大陸，她們都無怨無悔。

一九三四年，旅日的台灣同胞在東京組織台灣同鄉會，並通過由楊肇嘉所提出之議案「舉辦一項深具意義的文化活動——暑期返鄉鄉土訪問音樂會」，江文也義不容辭報名參加。同年八月五日，幾位在日本進修的音樂家搭船返鄉，舉行台灣第一次的巡迴音樂會，分別在台北、新竹、台中、彰化、嘉義、

● 江文也在日本樂壇的活動，僅僅五、六年，卻留下了可觀的作品。這段時期，可稱為他的音樂創作的「奠基期」，此照為他在日期間家居生活練琴的情形。

台南、高雄等七個城市做爲期九天的演出，處處轟動。依《台北市志稿》卷八〈文化志學藝篇〉記載，江文也表演的曲目爲韓德爾歌劇〈齊爾克塞斯〉中的〈莊嚴曲〉、舒伯特的〈小夜曲〉、華格納的〈夕星之歌〉，以及時雨音羽作詞、藤井清水作曲的〈我們的牧場〉。另外，江文也編曲、津川主一作詞的〈再會！再會！〉也列入最後的節目——四重唱之中。

從小離開台灣，二十五歲再回到家鄉的江文也，童年的夢不再是幻影，而是眞實、親切的情景。雖然他不能多留一些時間在故鄉重溫舊夢，但是歲歲月月，他都活在原鄉的夢中。

短暫的巡迴演唱，江文也不忘趁此機會蒐集了台灣各地的民歌資料帶回日本，做爲日後創作的素材。

前衛音樂　樂壇肯定

返回日本的江文也，似乎從此走出了聲樂，邁進了作曲生涯。

一九三〇年，日本「新興作曲家聯盟」成立；一九三二年，又有「新音樂聯盟」創立，日本的音樂界充滿著現代音樂的前衛風氣，江文也憑著努力和天分，也走進了這塊樂壇的新天地。

一九三四年到一九三七年四月間，江文也分別以管弦樂〈白鷺的幻想〉〈盆踊主題交響組曲〉〈賦格序曲〉、合唱曲〈潮音〉連連入選或得獎，頻露鋒芒，也奠定了他在作曲界的地位。

〈白鷺的幻想〉是江文也參加鄉土訪問音樂團時，見到台灣鄉間白鷺鷥飛翔在綠波盪漾的水田上，因而靈思湧現；此作獲得日本全國第三屆音樂比賽作曲第二名，這也是二十五歲的江文也第一次在作曲比賽中脫穎而出。

一九三六年，江文也更上一層，參加柏林舉辦的第十一屆奧林匹克運動會文藝比賽，參賽作品是管弦樂〈台灣舞曲〉，獲得管弦樂曲入選獎，成了他一生最膾炙人口的「軼事」。

這項殊榮使江文也成爲台灣第一位揚名國際樂壇的音樂家；斯時斯世，我們對江文也進軍國際樂壇的歷史意義，值得從另一種角度去觀察。

一九三六年，柏林奧運會文藝比賽的優勝獎章：江文也雖以日本國民身分獲得此項殊榮，但他畢竟是來自殖民地——台灣的子民，他的「聲音」讓全世界都聽到了。

一九三六年在柏林舉辦奧林匹克運動會時，正值納粹頭子希特勒主政，德意志民族氣焰高漲，有意向全世界炫耀日耳曼種族的優越論，於是不僅想在世界性運動會的規模、氣勢上展現實力，也要在各項競技中囊括優勝。然而，好勝心特別強盛的希特勒吃癟了，他所瞧不起的「弱小民族」——美國黑人，竟在田徑賽上風光滿面，奪取了八面金牌、三面銀牌、兩面銅牌，只留了一面銀牌給德國人，使希特勒大受挫折。

來自東方的日本人贏得馬拉松比賽金牌，也是德國人想像不到的。不過以二小時二十九分十九秒二勇奪金牌的孫基禎並不是大和民族，而是朝鮮（韓國）人代表日本出賽。同樣的，代表日本的台灣人江文也，也在藝術競技中脫穎而出，榮獲入選，日本人也深以他不是大和民族爲憾。當時統治台灣和朝鮮的大日本帝國，竟由這兩位弱小民族的代表爲他們立功，其欣喜中的矛盾心情，和

希特勒的感受十分相似吧！

一九三〇年代，日本殖民政府大力剷除台灣人的反日意識，風起雲湧的非武裝抗日民族運動似乎趨於息鼓偃旗；有「台灣獅」之稱的楊肇嘉，不遺餘力的鼓勵、獎掖年輕人，要在美術、音樂、運動、飛行等領域出人頭地，頭角崢嶸，即是要顯現台灣人並不是弱者，有其能夠發揮的潛力。曾受楊肇嘉關注的江文也，揚名樂壇的意義實在於此。

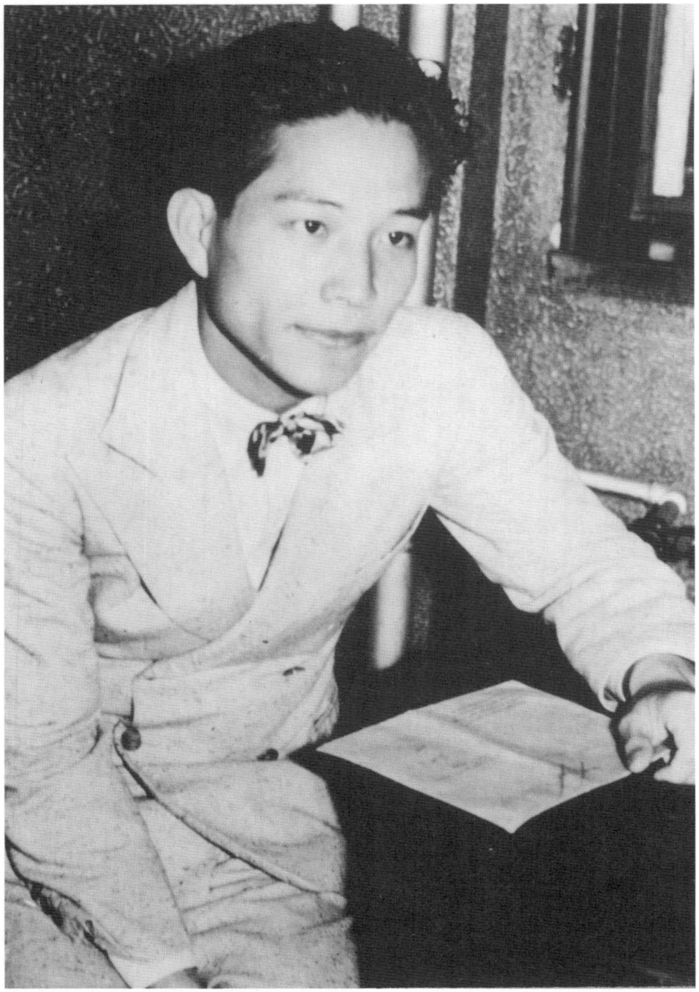

一九三〇年代，江文也的創作即獲肯定，連連得獎，他能在「現代音樂」中展現敏銳的觀點，是其能夠頭角崢嶸的原因。

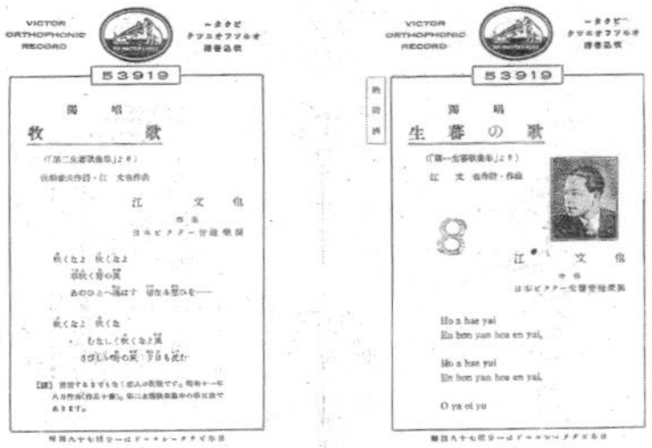

勝利唱片公司所灌錄的江文也獨唱作品──〈生蕃之歌〉和〈牧歌〉，這是該唱片所附的說明內頁文字。

一九三七年，法國巴黎電台實況廣播江文也的作品〈台灣山地同胞歌〉（原名〈生番歌集〉）和〈長笛奏鳴曲〉，並由日本勝利唱片公司錄製唱片發行。〈四首高山族之歌〉分別在德國、瑞士日內瓦、美國紐約的卡內基音樂廳和法國巴黎萬國博覽會中演出。

翌年，江文也又以鋼琴曲〈小

● 一九三六年，齊爾品出版江文也〈斷章小品〉的封面；江文也藉由一本本創作集的出版，令國際樂壇刮目相看。

● 江文也的才華，深為俄國音樂家齊爾品賞識，江文也的作品在他協力下出版，此圖為江文也手執其作品集的留影。

素描〉〈斷章小品〉，榮獲義大利威尼斯第四屆音樂節作曲；此時他儼然成爲大師級人物。

一九三〇年代，江文也在國際樂壇所獲的殊榮，超越了當代日本的音樂家。

俄國音樂家齊爾品很賞識江文也橫溢的才華，對他十分照顧，而江文也直呼齊爾品爲「大師」（Maestro），齊爾品則暱稱他「阿彬仔」（Apina）。

齊爾品爲江文也出版了鋼琴曲〈小素描〉〈鋼琴小品〉〈三舞曲〉〈斷章小品〉以及聲樂曲〈台灣山地同胞之歌〉五套作品，在上海、維也納、紐約、巴黎等地

● 江文也指揮樂團時留影。他不僅以作品進軍樂壇，也以「行動」參與音樂活動。在日本樂壇活動力極強的江文也，後來覺得他的音樂志業應不只在東瀛小島而已。

發行。當時擔任日本新交響樂團（即今NHK交響樂團前身）的波蘭籍猶太裔指揮羅生許塔克，曾指揮過江文也的作品〈盆踊主題交響曲〉。

定居北京　不歸之路

一九三五年，江文也隨齊爾品到北京，他對「故都」的古老和沈厚十分迷惘和心儀，深信「它會激發我的創作」。

一九三八年四月，他毅然放棄了在日本樂壇經營多年的成果和地位，接受台籍旅居北平音樂家柯政和（柯丁丑）的邀請，受聘擔任北平師範大學作曲教授。想不到江文也從此遺棄了妻女，踏上了「不歸之路」。

投奔大陸的江文也韻事頻傳，最令人津津樂道的是：電影明星白光曾是他的「入幕之賓」。

意氣風發的江文也在北平成了敵僞組織「新民會」爭取的對象，政治觀點的薄弱，令他爲新民會譜歌，他的幾首進行曲如〈新民會會歌〉〈新民青年歌〉〈新民婦女歌〉〈大東亞民族進行曲〉，成了日本翼下的「華北政府」廣播的「名曲」。

不久，江文也娶了主修琵琶與二胡的學生吳韻眞；她的雙親因視江文也爲「日籍」，反對女兒與「日本人」結婚，然而吳韻眞在情投意合下，違背父母之命，具知使君有婦下，與江文也私定終身。這位大陸夫人伴隨了他坎坷的後半生。

江文也在中國發現了令他怦然心動的「東方音樂的寶藏」。他努力從中國古樂、民俗音樂，以及古典詩詞中尋找素材，譜了百餘首獨唱曲及合唱曲。他的夫人吳韻眞說：「當他初聽到古琴、古箏、琵琶、二胡名曲時，如獲至寶地

研究，爲它們創作了不同形式的鋼琴敘事詩、綺想曲等，此時在創作上進一步追求中國民族傳統的風格。」

一九四〇年，他創作舞劇〈大地之歌〉，在東京由高田舞踏團演出。一九四二年完成了舞劇〈香妃傳〉、管弦樂曲〈孔廟大成樂章〉〈爲世紀神話的頌歌〉，出版了《北京銘》和《大同石佛頌》詩集，以及論著《上代支那正樂考》。

每當春秋兩季，國子監總有祭孔儀式，江文也在那裡認眞傾聽傳統的祭孔音樂，感到十分驚異和興奮。他認爲自己發現了世界音樂藝術的新大陸，東方文化中一座輝煌的音樂金字塔，是民族音樂流傳下來最珍貴的遺產。於是他用西洋作曲的技法、西洋樂器配樂，完成了大型管弦樂曲〈孔廟大成樂章〉，欲把傳統文化的精華推展到世界樂壇。

教堂音樂對江文也來說也不陌生；童年時，他常聽教堂音樂，從小就會唱聖詠，當他聽到當時的中國教徒仍唱著不合音韻的外國聖詠時，不覺自問：「爲什麼不能譜一些以中國音樂爲素材的聖詠給中國教徒唱呢？」他開始爲聖詠譜曲，完成了聖詠集百餘曲等。

江文也在《聖詠作曲集》第一卷，寫出了他重新出發的音樂觀：

> 我知道中國音樂有不少缺點，同時也是為了這些缺點，使我更愛惜中國音樂；我寧可否定我過去半生所追究的那精密的西歐音樂理論，來保持這寶貴的缺點，來再創造這寶貴的缺點。
>
> 我深愛中國音樂的「傳統」，每當人們把它當做一種「遺物」看待時，我覺得很傷心。「傳統」與「遺物」根本是兩樣東西。

江文也投奔中國大陸，他認為「古老和濃厚」的中國會給他更多創作的靈感。此照為他在北京九龍壁下的留影，充滿自信的他，神色有些迷惘。

「遺物」不過是一種古玩似的東西而已，雖然是新奇好玩，可是其中並沒有血液，沒有生命。

「傳統」可不然！就是在氣息奄奄之下的今天，可是還保存著它的精神——生命力。本來它是有創造性的，像過去的賢人根據「傳統」而在無意識中創造了新的文化加上「傳統」似的，今天我們也應該創造一些新要素，再加上這「傳統」……

在我過去的半生，為了追求新世

江文也送給俄國音樂家齊爾品一張他在北京的照片，左下角有他簽下的「阿彬仔」小名。此照為李獻敏女士收藏。

界，我遍歷了印象派、新古典派、無調派、機械派……等一切近代最新底作曲技術，然而過猶不及，在連自己都快給抬上解剖台上去的危機時，我恍然大悟！追求總不如捨棄，我應徹底我自己！

縲絏之災　繼留共區

江文也在藝術領域是一位才子，但對政治就沒有本事了。一九四五年日本投降，他以台灣人的身分向國民政府「示好」，將〈孔廟大成樂章〉寄給李宗仁，轉獻給蔣介石，以示對政府的敬意，竟遭拒絕，原因是他在淪陷區曾爲日本軍作曲，更倒楣的是，他因之被控爲漢奸，入獄十個半月。出獄後，他很失志的在北京郊區一所國民中學任教。

一九四七年，江文也受聘擔任北平國立藝術專科學校音樂科教授。一九四九年初，朋友勸他去香港辦學或回台灣老家，他因捨不得離開「給他創作泉源的沃土」，而沒有成行，以致留在共區。此時他以郭沫若之詩〈鳳凰涅槃〉譜寫的大型合唱曲〈更生曲〉在北平藝專演出，據王震亞的說法，江文也並加入了台灣民主自治同盟。

一九五〇年，江文也轉到新成立的天津中央音樂學院作曲系擔任教授，創作量依然可觀，鋼琴作品有〈鄉土節令詩〉〈杜甫贊歌〉〈漁夫舷歌〉，以及小提琴奏鳴曲〈頌春〉，五重奏〈幸福童年〉，三重奏〈在台灣高山地帶〉等。一九五三年，他爲紀念詩人屈原逝世二千二百三十年，創作交響詩〈汨羅沈流〉。

反右被鬥　文革下放

一九五七年，中共掀起反右運動，號召鳴放，大陸文藝界人士動輒得咎，幾無倖免，江文也慘遭修理，被扣上右派分子、老牌漢奸的罪名，被剝奪教學和創作、出版的資格，加以降職降薪，使他一家七口生活陷入絕境，不得不靠變賣珍藏的唱片、書籍和總譜勉強度日，最後連鋼琴也賣給拍賣行。他的妻子因此哭了，江文也卻安慰她說：「不要難過了，你也知道，我作曲時很少利用鋼琴，孩子正在發育中，需要買些營養食品啊！」一九六〇年，江文也恢復工作，降職降薪後，被分發到學校函授部編輯教材；一九六四年調到學院圖書館資料室工作。迍邅的遭遇並未消滅江文也的創作意念，他抱著「作曲家應有一種甘於寂寞的韌性」，在此期間仍有作品完成，於一九五七年八月根據老台共謝雪紅詩作而寫〈第三交響曲〉，表現出台灣人民反對殖民主義的戰鬥；一九六二年紀念鄭成功收復台灣三百週年作〈第四交響曲〉；一九六三年譜〈俚謠與村舞〉。

然而江文也並未擺脫厄運，一九六六年開始的文革期間，更是他的浩劫。他挨批挨鬥，罪名更多，「分離主義」「投靠美帝反國府」等多條罪狀，使其在馬大人胡同的家被抄了，嘔心瀝血完成的手稿和家中一切被洗劫一空，這位樂觀的音樂家淌下了第一次的淚水。

江文也被打入「牛棚」，安排在學校勞動，每天背著籮筐打掃學院的廁所，學生們留下的唯一印象是：「這位老頭子確實把廁所清掃得很乾淨。」一九七〇年，他和學院教職員工被下放到河北清風店農村的部隊接受改造，數次中風、吐血，把這位年已六十的老人折磨得不成人形。

平反復職　潛心民歌

一九七五年，六十六歲的江文也開始著手整理台灣民歌，三、四年間完成不少整編作品；他對妻子吳韻眞說：「這是我有生之年最大的願望。」一九七六年，四人幫垮台，江文也在一九七八年正式平反，右派分子的帽子終於不用戴了。文革後的「劃錯糾正」使他洗清罪名，還得自由之身，並恢復原教授級別。

年近古稀的江文也走過許多坎坷路之後，日益懷念原鄉台灣，想著屬於童年的夢！他編寫用民族樂器伴奏的台灣民歌。他的妻子在一堆樂譜手稿中，看見了他在一張手稿上寫著如此文字：

> 連續的悲慘痛苦和想開的內心表情，使我的容貌變得更加老相。除了滿臉皺褶中還有一點點火熱似的東西在燃燒之外，簡直是老瘦無用的長物罷了！這一點點的內熱，使我還認為自己的音符還是美的，它的文化價值還是高度優秀的。成為六十五歲老頭的今天，這種自負還像在糖罐裡泡著似地自我陶醉著，

江文也的手稿〈江南風光〉，第三鋼琴奏鳴曲。江文也的音樂創作類相很多，包括室內樂、交響樂、鋼琴曲、獨唱曲與合唱曲等等，他的才華和努力，累積了這些成就。

我認為南海那個美麗白鷺之島的血液是無比的美麗、優秀的……。

纏綿病榻　夢回故里

一九七八年五月四日深夜，江文也坐在破舊的木桌前譜寫管弦樂作品〈阿里山的歌聲〉時，忽然額頭大汗淋漓，臉色蠟黃，口唇直顫，宿疾腦血栓驟發。送醫急救時，因護士錯將鄰床病人所用消炎鎮痛藥劑給江文也服用，導致胃出血，病情惡化，就此全身癱瘓，成了病魔糾纏，臥倒病榻的不幸人。

一九八一年，這位爲台灣夢縈魂飛、卻被台灣遺忘的老人，終於被韓國鐘、謝里法、張己任、郭芝苑、林衡哲等人在台、美兩地報章雜誌撰文介紹，他那被「塵封」的音樂，也得以在故土揚起，使人人驚奇台灣也「出生」過如此偉大的音樂家，張己任如此說：

> 一九三〇年代，當其他的中國作曲家仍然在啓蒙摸索的時期，江文也業已在國際樂壇中顯示了他作曲的才華；當大多數中國作曲家仍停留在旋律配樂伴奏的作曲階段時，他已經譜出了接近二十世紀偉大作曲家巴爾托克風格的作品，以當時中國音樂發展情況，江文也的成就是令人驚奇的。

一九八一年十二月二十三日，北京中央人民廣播電台在「海外」熱烈「出土」江文也的作品下，首次播出他的鋼琴曲〈鄉土節令詩〉及台灣民歌時，臥倒病榻不能言語的江文也，枯瘦臉上的嘴角展露了微笑。

葬身北京　魂歸原鄉

江文也在完成〈彌撒曲〉後，曾寫下〈這是我的祈禱〉祈求上天：

> 願蒼天睜開祂的眼睛，願蒼天擴張祂的耳聽，而看顧這卑微的祈願，而愛惜這一道光線的飛翔。

上帝沒有讓江文也帶著「台灣人的原罪」不明不白地含恨而終。一九八三年，他獲得台美基金會人文獎，可惜兩個星期後的十月二十四日，他在北京蒙主寵召，享年七十三歲。他有五年多臥病在床，由妻子吳韻眞悉心照料。治喪委員會給他的頭銜是中央音樂學院教授、著名作曲家、台灣民主自治同盟盟員、中國音樂家協會會員。

一九八八年六月，美國休士頓的音樂團體在哈佛大學舉辦「江文也音樂會」。翌年六月二十一日起，包括鋼琴家陳宏寬、小提琴家張萬鈞、女高音王麗文等原班人馬在台北、高雄、台南、台中舉行四場江文也的音樂會，讓這位「少小離家，老大無回」的異鄉遊子得償生前夙願，使其作品「魂歸來兮」。江文也如果地下有知，當會爲其坎坷、頓挫的晚年付出的悲慘、苦痛代價不致「平白損失」感到欣慰吧！

前文建會主任委員陳奇祿於一九八九年六月二十日晚上，在國家音樂廳欣賞了紀念江文也的音樂會，有感而發地說：「……出生於台灣，其作品的內容以民族文化為內涵，以思念鄉土為情懷的，卻要遲至今日才有音樂會的舉行，而這演唱者和演奏者，還是千里迢迢遠道前來的朋友們，江文也真是命途多舛的人。」

江文也，這位在他的原鄉原是謎樣的人物，被海外學人「牽引」來台後，

也促使了本土學者熱烈地爲其定位。他出生地的台北縣立文化中心，更爲他編輯出版了紀念集和作品，並且邀請他的日本太太和大陸夫人一起來台參加紀念江文也的學術研討會和音樂會。

客死異鄉的江文也留下的不朽音符，不是將永世飛揚在他的原鄉——「美麗的白鷺之島」上嗎？

江文也軼事

●得知音於百年後

有一次，學生問江文也：「沒有人演奏你的作品，也沒有人敢出版你的作品，你寫作還有什麼意義？」

江文也在「沈寂年代」，他的學生很關懷的如此問他。

「我不是爲人演奏、出版而創作，只要我的音樂能留給祖國、人類，就給了我很大的安慰。我相信我的作品在中國音樂史上不會是重複的。它對中國音樂會有用的。得知己於百年後。」

江文也年表

年份	年齡	事蹟
1910	01歲	六月十一日出生於淡水郡小基隆。
1918	09歲	就讀廈門旭瀛書院。
1923	14歲	赴日，就讀長野縣上田中學。
1929	20歲	進東京武藏高等工業學校電氣科。課餘到上野音樂學校夜校選修聲樂。
1932	23歲	工業學校畢業，師從山田耕筰習作曲。
1933	24歲	加入藤原義江歌劇團擔任男中音。
1934	25歲	參加「鄉土訪問音樂會」，返台演唱。創作管絃樂〈台灣舞曲〉〈白鷺的幻想〉，鋼琴曲〈台灣舞曲〉（管絃樂改編），室內樂〈四首高山族之歌〉。
1935	26歲	創作〈盆踊爲主題的交響組曲〉〈生番四歌〉（獨唱曲）〈五首高山族之歌〉（室內樂）。
1936	27歲	創作合唱曲〈潮音〉獲日本全國第五屆音樂比賽第二名。管絃樂〈台灣舞曲〉榮獲柏林奧運文藝比賽入選獎。
1938	29歲	鋼琴曲〈五首素描〉〈十六首小品〉獲威尼斯第四屆國際音樂節作曲獎。擔任北平師範大學教授。創作〈大東亞民族進行曲〉〈新民會會歌〉等。
1940	31歲	創作舞劇〈大地之歌〉。
1942	33歲	創作舞劇〈香妃傳〉、管絃樂曲〈孔廟大成樂章〉等。出版《北京站》《大同石佛頌》詩集及論著《上代支那正樂考》。

1945	36歲	日本投降。被控漢奸罪，坐牢十個半月。
1947	38歲	擔任北平國立藝術專科學校音樂系教授。北平方濟黨出版其作品《聖詠歌曲集》《第一彌撒曲》《兒童聖詠歌曲集》。
1950	41歲	擔任天津中央音樂學院作曲系教授。
1957	48歲	創作〈第三交響曲〉。因被扣上右派分子，遭整肅修理。
1960	51歲	降職降薪後派調圖書館工作。
1962	53歲	創作〈第四交響曲〉紀念鄭成功收復台灣三百週年。
1963	54歲	創作〈俚謠與村舞〉。
1966	57歲	中國文化大革命期間挨批挨鬥，被打入「牛棚」下放勞改。
1978	69歲	獲得平反。譜寫管絃樂曲〈阿里山的歌聲〉未竟病倒，長期癱瘓。
1981	72歲	台灣樂界以「出土人物」紛紛介紹江文也及其作品。北京中央人民廣播電台也播出其作品。
1982	73歲	管絃樂曲〈台灣樂曲〉、小提琴奏鳴曲〈頌春〉由北京人民音樂出版社出版。
1983	75歲	鋼琴三重奏〈在台灣高山地帶〉由北京人民出版社出版。榮獲台義基金會人文獎。十月二十四日因腦血栓症逝於北京。

台灣第一位地質學家

林朝棨

（1910～1985）

【語錄】

●「在自然科學的廣大領域裏，並不只限於專家，任何人都可以做些小研究。」

【評價】

●「在五〇年代到七〇年代之間，林先生大約是帶給台灣知識界及民衆最多自然史和演化觀念的一個人。」——魏國彥

●「林朝棨教授是位著名的地質學家，熱心的教育者與虔誠的宗教家。」——陳逸勤

台中豐原是林朝棨的出生地；鎮上的圳寮埤圳攔水霸，曾是他少年歲月常去的地方，流水、溪石、岸上植物，伴隨他一生的記憶。

一九二八年，台灣第一所大學台北帝國大學（今國立台灣大學）創校；一九三四年三月三十一日舉行第四屆畢業典禮，該校理農學部地質古生物學科也有了第一屆畢業生，「台灣第一位地質學家」林朝棨即是當年這個新興學科的唯一學士。

● 林朝棨在中學時，即受洗為基督教徒；念高校時，也積極參與教會團契活動。他一生奉基督聖名，做主的信徒。

唯一的地質系學生

林朝棨（戟門），台中縣豐原市圳寮里人，一九一〇年（明治四十三年，民國前二年）五月二十六日生於信奉基督教的家庭，排行第三。

從小，父親林慈（茂慈）就十分重視他們五兄弟的教育，施與嚴格的體能訓練，要求早睡早起，每天清晨五點起床，盥洗後，全家整隊跑步，再帶到溪旁游泳一個鐘頭，才算完成「早課」。一年到頭從不間斷，沒有寒暑之別。

一九一七年四月，八歲的林朝棨進入豐原公學校（小學）就學，是該校第二十屆畢業生。一九二三年四月，考入台中州立第二中學。「台中二中」是日本子弟念的學校，台灣子弟都讀「台中一中」，因此非有優異的成績是無法進台中二中的門。林朝棨是班上僅有的

十九歲的林朝棨考取台北高等學校，北上就讀，當年四月入學，五個月後（九月）即與吳嫣嫣小姐訂婚。有婚約的他，對學業從不掉以輕心，這是他高校二年級的照片。

兩位台灣人之一，另一人爲葉廷祥。一九二八年三月，台中二中第二屆畢業，次月即北上進入台北高等學校（現址爲師範大學）理科乙類就讀，擇居大稻埕大橋頭。這一年，十九歲的他，與台南市閨秀吳嫣嫣訂婚。

一九三一年，高等學校畢業，考入台北帝國大學。當年該校地質古生物學科初設，僅招收林朝棨一人，因此無論「地質系」爲他設也好，或是他促成了台灣地質系的設立也好，林朝棨無疑是台灣第一位研究地質學的學生。

進入帝大後，林朝棨在台北市對岸的板橋

● 一九三二年，林朝棨（左一）和同學在台北帝國大學（今台灣大學）校門口前合影。他是該校地質古生物學科的唯一學生。

租屋，每天清晨五點搭乘板橋到新店的「五分仔車」（小大車）到公館。由於從小就被訓練早起，因此不以爲苦。

林朝棨的成績優異，可以學醫卻選擇讀地質，親戚朋友都覺得很奇怪。未婚妻吳嫣嫣的親友聽說她未來的夫婿研究地質，就說：「挖石頭也不錯，可能遇上金礦，可是總不如把金礦開在診所裡好。」

上山下海　研究地質

林朝棨選擇地質古生物學科，是受日本著名地質學家早坂一郎的影響。早坂教授在帝大未設地質系之前來台，爲免英雄無用武之地，而被安頓在台北高校任教。林朝棨就讀高校二年級時，課餘參加台北日本人基督教會及基督教青年會，因此常和早坂一郎一起做禮拜。這位「教友老師」不斷鼓勵他，林朝棨受了影響，決心成爲台灣研究地質學的第一人。

林朝棨由於是該系唯一的學生，所以成了系之「驕子」，接受四位日籍教授指導；也因爲是四位老師教導一個學生，林朝棨不得不戰戰兢兢，面對著「四比一」的壓力。

研究地質首重大自然的調查，必須「出野外」。四位日籍教授都不會說台語，而鄉下人也大都不懂日語，因此無論哪一位日籍老師下鄉做調查，都要林朝棨陪著去，他可眞是忙得不亦樂乎。

那個時代，「出野外」是一件艱辛的苦差事，不僅找不著旅館，還要借宿鄉長的家或工人的草寮，餐風露宿之苦不是一般人所能想像，而且交通極爲不便，要爬山越嶺，渡溪涉河。林朝棨大學時期常常過著上山下海的苦日子。

爲了防止野草割傷刺痛，通常都要打綁腿，林朝棨一來了方便，一來避免

蛇咬，他捨棄了布條，採用皮製綁腿。皮製綁腿比較悶熱，長時間下來，腿部經常濕淋淋的；所以休息時，他迫不及待脫下綁腿和鞋子，將雙腳浸泡在清涼的小溪裡，想不到因而造成日後的風濕性神經痛，使他一輩子受到折磨。林朝棨的三子林恩明說：「一年四季要保持適當的溫度，否則父親的腳部必會抽痛不已，十分痛苦。夜晚與白天溫差較大，更易發作。父親常常讀書至深夜，時而雙足大痛至不能忍耐之程度而大喊，常驚醒家人。那午夜痛苦的叫聲，……正代表父親爲了追求學問，日日迎戰病魔，克服肉體痛苦，不屈不撓的精神。」

大戰爆發　任教東北

一九三三年，林朝棨在《台灣地學記事》第四號上發表以日文寫成的第一篇學術論文〈台灣產哺乳類化石的產出狀態的研究〉。翌年林朝棨畢業，留校擔任助教；同年四月十日，在台南市太平境基督長老教會與吳嫣嫣結婚。

一九三五年四月，林朝棨進入顏雲年、顏國年兄弟創辦的「台灣礦業王國」——台陽礦業株式會社擔任「工手」（地質士），參與了瑞芳

林朝棨畢業後，學以致用，擔任地質師，在台陽礦業工作，從事台灣油田地質探勘。一九三六年，他被公司派到北朝鮮考察，此照為他在平壤鄉間騎馬行過田間徑道。

金礦和中央山脈油田地質、河川地質的實際探勘工作。其間，台陽礦業負責人顏欽賢曾派他到北朝鮮（北韓）考察開礦工作。服務台陽，他撰寫了〈瑞芳金山之地質礦床〉〈台灣的金〉等論文。

一九三七年，日本發動七七事變，全面掀起第二次中日戰爭。日本海軍省爲了開發南洋（東南亞）資源，儲備軍需能源，自然就注意起長於地質學的林朝棨。那時南洋大都是未開發的蠻荒之

林朝棨於一九三七年赴滿州帝國，抵達偽滿首都新京時，一家人拍下此家族照，做為在異鄉生活的記錄。此後他執教於長春興京工業大學一年。

地，天氣炎熱，流行病肆虐，不少被派往當地的台灣人都在缺乏醫療照顧下葬身異域，視南洋爲畏途。

林朝棨的恩師早坂一郎得知軍部在動他這位及門弟子的腦筋，決定不讓他們得逞，於是很快幫助林朝棨爭取到末代皇帝溥儀統治的滿州帝國新京（長春）工業大學聘書。林朝棨得了「方便之門」，以走爲上策的心情，匆匆搭船前往中國東北，擺脫了日本軍部的魔掌。

三個月後，吳嫣嫣才帶著兩個幼女搭船到大連，與林朝棨會合。

亞熱帶地區的居民很難適應滿洲冰天雪地的生活。在第六官舍的六百戶人家之中，只有他們和黃春木（戰後任教台灣大學機械系）來自台灣。

兩年後，林朝棨終於有機會離開愛新覺羅統治下的東北。他接到國立北京師範學院地學系和國立北京大學地質系的聘書，於是辭新京工業大學的職務，全家迫不及待地遷居北京。

保護同胞　返歸故土

北京，這個「掀起台灣新舊文字論戰急先鋒」張我軍筆下的「亂都」，雖然淪陷在日軍的鐵蹄之下，但它也是台灣第一位揚名國際的音樂家江文也所歌頌「最具中國文化氣息」的城市。林朝棨在北京生活了七年，也算是半個北京人了。

一九四二年，林朝棨擔任國立北京師範大學地質系系主任。由於他來自台灣，而且是出身台北帝國大學的學人，更是一位「人格者」，日本軍方對他十分尊重，再加上他參與調查礦脈資源工作，更是少不得的科技專才，難怪說起話來特別有分量。

林朝棨憑著與日本軍方的「交情」，掩護、保釋了不少淪陷區的抗日分子。有些地下工作人員在危機重重下逃出虎口，全靠他的「關說」。已故的老蓋仙夏元瑜解釋說，日本軍方對林朝棨託付的事情絕對相信，是因爲他不接受請託者的賄賂，所以才會依他所請，這是他人格的偉大！夏元瑜又說：「以後戰爭結束了，有許多和日本軍方有來往的人都受了處分，但是林先生不受牽累，因爲他在

一九三九年，林朝棨任教北京大學和北京師範大學，這位台灣教授的學識、用心，令中國學生折服。他使北師大的地理系成了全校最熱門的學系之一。

抗戰期間，對國家有重大貢獻。」

日本人投降後，林朝棨決定應聘至青島山東大學教書，但是他的帝大學長徐慶鐘（曾任行政院副院長，是台灣第一位農業博士）告訴他說：「台灣剛剛光復，正缺少北方來的教授，你怎麼可以去那裏，應該回到我們的母校才對啊！」他一想恩師早坂一郎還在台灣，又不會說國語，必然需要照顧，於是毅然推辭了山東大學的好意，並以團長身分帶著家眷和另外一百八十五位同胞搭乘國際救濟總署安排的船

● 一九三九年，林朝棨一家人遊覽北京中南海公園留影。當時北京為日軍占領，他以大學教授身分，掩護一些愛國的地下工作者。

隻，於一九四六年七月經由天津、青島回到基隆港，踏上多年不見的故土。

返台後，他應省立台中師範學校校長洪炎秋之聘，擔任教務主任，不過爲期僅半年左右。之後北上擔任國立台灣大學地質系教授。

建設台灣　復興礦業

戰後，林朝棨與接收日治台北帝國大學地質系的大陸籍教授馬廷英一起整頓、發展台大地質系。由於當時不少建設需要地質專家參與，他便成了石油公司、電力公司和煤礦公司爭相聘請的熱門人物。然而林朝棨是個有守有爲的讀書人，所承諾的事必全

● 大戰結束後，林朝棨於翌年返鄉，接受台灣大學的聘書。他離開北師大時，北師大歡送他所拍的紀念照。

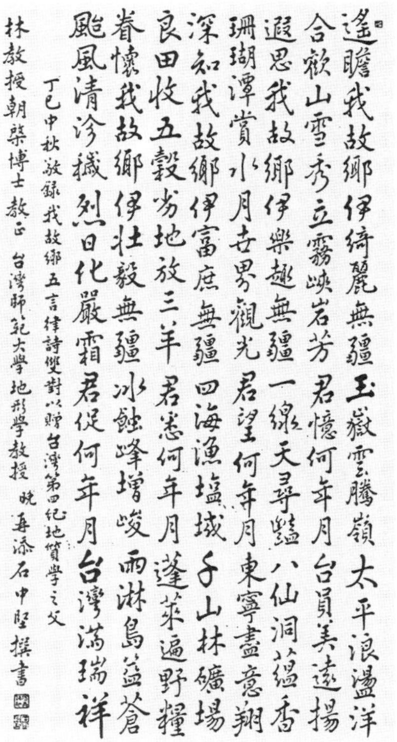

遙瞻我故鄉 伊綺麗無疆 玉嶽雲騰嶺 太平浪盪洋
合歡山雪秀 立霧峽岩芳 君憶何年月 台員美遠揚
遐思我故鄉 伊樂趣無疆 一線天尋豔 八仙洞蘊香
珊瑚潭賞水 月世界觀光 君望何年月 東寧畫意翔
深知我故鄉 伊富庶無疆 四海漁塩域 千山林礦場
良田收五穀 劣地放三羊 君悉何年月 蓬萊遍野糧
眷懷我故鄉 伊壯毅無疆 冰蝕峰增峻 雨淋島益蒼
颱風清沴穢 烈日化嚴霜 君促何年月 台灣滿瑞祥
丁巳中秋敬錄我故鄉五言律詩以賀台灣第四紀地質學之父
林教授朝棨博士教正 台灣師範大學地形學教授 晚 再添 石中堅 撰書

● 「北師大」地形學教授，也是林朝棨的高足石再添書寫他的〈我故鄉〉五言律詩送請老師紀念。

力以赴，而且多數是義務性質。

當時，電力公司總工程師孫運璿（後出任行政院長）曾請林朝棨協助埔里、霧社和萬大水庫的建設。孫運璿對他說：「林教授，我們是請求您來幫忙的，所以車馬費您一定要收下。」林朝棨回答，他在台大已有薪俸可領，只要按照電力公司發給職員一天三十元的標準就可以了。當時美國顧問的待遇是日薪一百一十美元，折合台幣四千四百多元，是三十元的一百四十幾倍，而林朝棨的身價實在可以比照美籍顧問，然而他卻甘之如飴。

他的足跡隨著各地的建設移動，奧萬大壩、霧社壩、瀧見壩的設計，小梅、竹頭崎、寶山、出礦坑等油田的調查，以及大溪、三峽、澳底煤田的勘測，都有他的心血流注其中。

一九五二年，台灣已從戰爭廢墟中站了起來，農工生產逐漸恢復戰前的水準，決策單位也決心實施「以農業培養工業，以工業發展農業」的政策。此時出任省政府建設廳長的陳尚文深知台灣要搭工業列車，非克服能源短缺不可，而台灣最主要的能源來自煤礦，因此需要全力調查開發。陳尚文極力邀請林朝棨職司其事，他禁不住再三邀請，終由台大借調到建設廳擔任專門委員兼礦務科科長，主管台灣的礦業事務。雖說是學而優則仕，但以學者從政，只當了這麼一個三級主管，實在是屈就。然而，林朝棨抱著做事而不是做官的態度投效政界。

身爲台灣礦業事務的主管，林朝棨爲了振興台灣礦業開發，特別重視煤礦專業化、科學化，爲台灣「地下寶藏」的出土擬訂不少開發政策。

一九五四年，林朝棨告別二年四個月的官場，再度回到台灣大學任教。一九五七年，完成《台灣地形》等重要著作。

一九六三年，他與考古學專家研討台澎與大陸在地質上的關係，發現在遠古時代，其實是一片乾陸，這個學說後來竟被「泛政治化」。

台灣地質　第四紀之父

林朝棨有感於第四紀地質知識的重要，而台灣又乏人研究，乃決心著手系統研究台澎地區的第四紀地質。

林朝棨在大學一年級時，即決定以故鄉豐原之地質研究做爲畢業論文，這份研究鄉土的信念從未動搖。二十四歲那年，以英文撰寫畢業論文〈台中州豐原郡第三紀初期和冰河期生成之地層學研究〉，展露了他對地質學和古生物學的深厚造詣。

如今，他研究「原鄉」的著眼點是整個台灣。爲了研究第四紀地質，他對於關係學科如地形學、考古學、古人類學、古脊椎動物、貝化石、貝塚等學科無不涉獵，而且瞭若指掌。

林朝棨利用碳十四定年資料，建立各地的層序，進而探討新構造運動，且都做了世界性對比，終於在一九六三年完成了〈台灣之第四紀〉一文，奠定了台灣第四紀地質的研究基礎。他如此闡述台灣之第四紀研究的重要性：

> 七十年來台灣的地層研究雖頗有成就，唯第四紀的地層分布零星散碎，且對於經濟開發貢獻亦極輕微，未能引起專家的重視，致在研究上，成為台灣地史研究的冷場。考第四紀為人類的時代，故其與人類的關係特深，且此二百二十萬年間，亦是地史最後的一頁，地史演化的最高峰，故第四紀實為三十餘億年地史中最精華而最有興趣的時代。又第四紀在地史上諸多特殊事跡，且具有

過去地史法則所不能解釋的事實；同時人類聚居的場所，大部份在第四紀地層上生活材料仰賴於此，故一切經濟及政治活動，莫不以此為出發點。

〈台灣之第四紀〉發表於《台灣文獻》第十五卷第一、二期；學術界爲林朝棨開拓台灣地質第四紀之研究先河，尊稱他爲「台灣第四紀之父」，也因此榮獲日本東北大學理學博士。

石器文化與活化石

一九六八年，林朝棨帶領地質系學生在東部海岸峽谷做調查工作，於台東縣長濱鄉樟原村八仙洞洞穴中，斷定堆積物含有舊石器時代的文化層，並有年代古老的紅色土層。這項驚奇的發現使他認定八仙洞具有奧秘，深具研究價值；於是返回台北之後，立刻告知台大考古人類學系。不久，他會同考古人類學系的宋文薰副教授和連照美講師，率領台大考古人類學系田野工作隊到八仙洞進行全面的挖掘、採集調查工作。在他們不斷的努力下，各類舊石器時代的先陶文化標

● 「台灣地質第四紀之父」林朝棨享譽學界，他對台灣考古學的貢獻也不少。此照是他研究螺類化石留下的照片。

本，如石器、獸魚骨、骨角器等一一出土，共達四千件之多。這些舊石器時代的器物重見天日，印證了五、六千年前人類祖先曾生活在這些洞穴中。「長濱八仙洞遺址」的發現對於台灣史前文化的研究貢獻卓著。

一九六九年，台灣北部海域數度撈獲了龍宮翁戎螺（龍宮貝），輿論爭相報導。大家只知它是極具價值的稀有貝類，而沒有人以學術立場來解釋這些活化石。林朝棨和省立博物館館長劉衍爲解開龍宮貝之謎，將兩個由深海採集到的龍宮貝養在水族箱內，數日不休不眠地觀察兩個活化石的生態，撰寫了一份報告發表於國際貝類協會，提升了台灣貝類協會的國際地位；省立博物館也因龍宮貝而名聲大噪。次年，博物館舉辦第一屆展覽會，由林朝棨編寫說明書，對台灣貝類研究風氣貢獻良多。

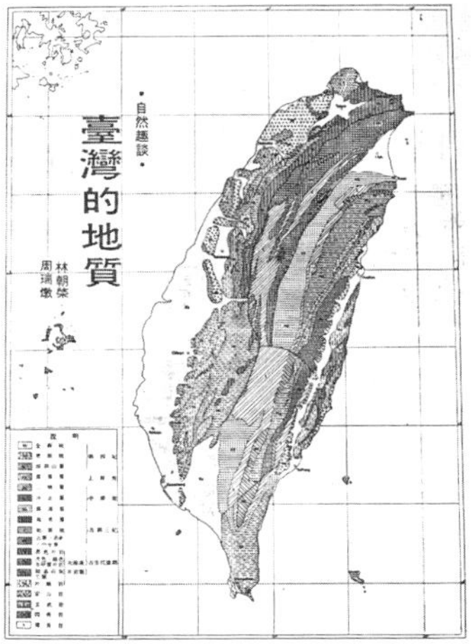

林朝棨發表的學術論文有一百多篇，還寫了不少通俗科學的文章，此為刊載在《中央月刊》雜誌、與周瑞墩合寫的〈台灣的地質〉。

一九七三年十二月，林朝棨完成了中山學術文化基金會所策劃、由他主編的台灣第一部《地球科學大辭典》。

一九七五年，台灣大學慶祝三十週年校慶所舉辦的教職員著作展覽，林朝棨的著作裝訂成冊，約有一公尺長，著作等身尚不足說明他在「立言」上的成就。

野豬精神　春風化雨

林朝棨的學術生涯以教學爲主。他在台灣大學任教達三十年，授課內容包括地球歷史學、古生物學、地質學等，還撰寫了一百五十多篇學術論文，《台

灣地形》即是一本研究本土地質的實用書籍。

「許多人一聽到『地質』，就覺得枯燥無比，其實不見得。你知道嗎？泥土是有感情的，很容易親近。」林朝棨總是以誠懇、熱心的口吻來開導後進。由於研究地質學，一定要出野外，因此他經常鼓勵學生要有「野豬精神」！他平日對學生的口頭禪是「要努力！要用功！」學生們無不感佩他春風化雨的精神。

一九八五年七月四日，林朝棨病逝台北，享年七十六歲。七月十三日，台北東門的基督長老教會爲他舉行追悼儀式；三個月後，中國大陸也在北京舉行追思會，敬悼這位作育英才、獻身地質的學人。

一生爲地質盡心盡力的林朝棨，雖一度在無可奈何的情況下奔走中原，但他最後還是回歸原鄉，葬土原鄉。他雖然已和台灣的塵土合而爲一，但「台灣第四紀之父」的尊號將永遠嵌鑲在這塊鄉土上。

林朝棨（右二）以「野豬精神」從事田野調查工作，他說：「泥土是有感情的，很容易親近。」這句話說盡了他從事學術研究的心得，也告訴人們：「地質學不是枯躁無趣的。」

林朝棨年表

1910	01歲	五月二十六日出生於台中豐原。
1917	08歲	入豐原公學校。
1923	14歲	考入台中州立第二中學。
1928	19歲	考入台北高等學校理科乙類。
1931	22歲	考入台北帝國大學。
1933	24歲	發表學術論文〈台灣產哺乳類化石的產出狀態的研究〉。
1934	25歲	台北帝大農業部地質古生物學科畢業。
1935	26歲	服務於台陽礦業株式會社；赴北朝鮮考察礦業。
1937	28歲	赴大陸，於新京工業大學任教。
1939	30歲	轉往北京市，任國立北京師範學院地學系教授並兼任國立北京大學地質系教授。
1942	33歲	擔任國立北京師範大學地質系系主任。
1946	37歲	日本投降。舉家返台，擔任省立台中師範學校教務主任半年，即北上任台灣大學地質系教授。

年份	年齡	事蹟
1952	43歲	借調至建設廳任專門委員兼礦務科科長。
1954	45歲	回任台灣大學教授。
1957	48歲	完成《台灣地形》等著作。
1963	54歲	完成〈台灣之第四紀〉。
1968	59歲	發現八仙洞舊石器時代文化層。
1969	60歲	撰寫龍宮翁戎螺研究報告。
1973	64歲	主編《地球科學大辭典》。
1977	68歲	由台灣大學教授職位退休。
1985	76歲	七月四日病逝台北。

民族音樂界最執著的高音

呂炳川

（1929～1986）

【語錄】

●「田野工作雖然體力上勞累些，可是精神上卻是一種享受。」

【評價】

●「呂先生是台灣第一位真正研究民族音樂的音樂專家，下一代若要超越他的成就，只怕要等上好長一段時間了！」——許常惠

高雄市，台灣南部的港都，一向被視為「工業城市、文化沙漠」，來自高雄市的呂炳川，卻將台灣的民族音樂等研究推向世界樂壇，他的成就雖不能說「後無來者」，卻堪稱「前無古人」。

台灣第一位民族音樂家呂炳川，一九二九年九月四日誕生於高雄市。他從小就有音樂細胞，喜歡玩樂器；爲了滿足對音樂的喜好，自習小提琴。

呂炳川在日據時代接受舊制中學教育，戰後就讀商業職業學校，但一心嚮往以音樂爲終生事業，因此全心全力投入音樂，而且有「獨樂樂不如眾樂樂」之心，經常寄望別人一起分享音樂的樂趣。

獨樂音樂　推展樂風

一九五〇年代，呂炳川不惜花費鉅資，在高雄市一家戲院舉辦了七場不收門票的唱片欣賞會，爲當時的「音樂沙漠」高雄市帶來不少震撼。他使用剛在市場上銷售的Hi-Fi 33轉電唱機，配合幻燈片解說古典樂曲，譬如樂聖貝多芬的〈命運交響曲〉的前奏、主題、動機、含意及開展等，娓娓道來，聽眾如痴如醉，他也「樂」在其中。

呂炳川對音樂的熱忱，終於引起高雄市長陳武璋的注意。陳武璋有意提升港都的文化氣息，倡導音樂風氣，乃全力支持贊助音樂活動，並在一九五九年成立高雄市交響樂團，聘請呂炳川擔任指揮。呂炳川可以說是在「趕鴨子上架」的情況下擔任斯職。

高雄市交響樂團在呂炳川的領導下，演奏一些小步舞曲、序曲及較簡易的樂章，盡量不挑選較繁複的作品。雖然樂團曾在高雄、台南、台中等地舉行演奏會，但就是不敢北上表演，因爲台北舉辦音樂會較頻繁，也有較好的樂團，他們不敢貿然獻醜。

呂炳川身爲推動港都音樂風氣重責大任的高雄市交響樂團指揮，免不了因能力有限而感到困惑，進而痛定思痛：「自覺音樂並非本行，爲何又踏上音樂路途……」於是決心屏棄自我摸索的方式，接受正式的學院教育。

序曲啓奏　研究民樂

一九六二年，三十四歲呂炳川負笈日本，進入武藏野音樂大學。他原本想學指揮，但發現同學總譜視奏之能力，並非自己可以迎頭趕上，自愧不如下改選器樂科，主修小提琴，師事名師篠崎弦嗣、未永貴子。一九六六年畢業，獲得藝術學士學位。

在大學時代，呂炳川發現不少攻習樂器的同學只求技藝精進，不求學問的探究，覺得這是求知的一種缺失，加上聲學老師中相教授勸他多涉獵學術性的音樂，於是呂炳川選擇到東京大學旁聽。他幸運地遇到岸邊成雄、小泉文夫兩位良師，結果培養出興趣。後來又到東京藝術大學旁聽，更覺得演奏小提琴不過是嫻熟技巧，缺乏心靈的覺醒，不能

● 呂炳川的指導教授岸邊成雄（坐者）為考核他的論文，親自來台，也照樣登山涉水，到原住民的居住地印證他的研究成果，師生的用心，實在是台灣學術界必需學習的。

滿足他想走的音樂生活，於是他決定繼續留在日本深造。

呂炳川認爲求學就是要專心念書，不主張半工半讀；但也因爲負擔沈重，最後連結婚戒指都進了當鋪。

一九六七年，他考入日本國立東京大學院人文科學研究科，主修音樂美學，兼修民族音樂學，指導教授是享譽學界的沼邊護、岸邊成雄。

一九六七年四月，呂炳川轉修比較文學、比較文化學專門課程，主攻

● 呂炳川（右）和他的恩師岸邊成雄（中），左邊的女士是他的師姊三谷陽子，他們兩人是「唯二」從岸邊手中取得博士的人。

民族音樂學，兼修音樂美學；一九六九年一月，以〈台灣高砂族音樂的比較音樂學研究〉獲得碩士學位。

同年四月，呂炳川以第一名考進同科博士班，自此潛心於民族音樂學的研究。此時爲了生計，他在昭和音樂短期大學任教，教授日本音樂與音樂美學兩門課。呂炳川爲了寫博士論文，多次利用寒暑假返台，深入原住民山區蒐集、調查、研究和分析台灣原住民音樂，一九七三年終以〈台灣高砂族音樂——比較音樂學的考察〉論文，通過考試，獲得日本東京大學民族音樂學博士學位，成爲台灣第一位民族音樂學博士。他的指導教授岸邊成雄爲了考核他的論文，還特地前來台灣，深入山區進行比照呢！由於該校民族音樂學科的考試標準很高，所以彼時僅有兩人得以入學並取得博士學位，一位是呂炳川，另一位是日本人三谷陽子。

樂章飛揚 享譽國際

一九六五年，呂炳川爲了準備返鄉推展音樂教育，開始「才能教育」的研究。留日期間，他曾用心觀摩當地著名的特殊教

呂炳川（右）與鈴木鎮一教授。鈴木是強調啓發性的「鈴木小提琴教學法」的發明者，也是山葉音樂教育創辦人。一九七一年，呂炳川向他習得第二專長「才能教育」。

育機構，例如桐朋音樂大學、武藏野音樂大學附設音樂教室，以及山葉音樂教室等，還多次拜訪山葉音樂教室創辦人鈴木鎮一博士，並參加鈴木親自教授的指導老師講習會。呂炳川此後自許「才能教育是我的第二專長」，此言不虛。

呂炳川獲得博士學位後，繼續受聘執教於日本東京聲專音樂專科學校，以及昭和音樂短期大學，擔任民族音樂學、音樂美學及音樂史講師。他在日本多年「學」與「教」的音樂生活中，不忘介紹台灣音

一九七七年，呂炳川（右二）在家中舉行獲得日本文部省藝術季大獎的慶祝會。與會的賓客有許常惠（右一），坐在左邊者為呂泉生（左一）、林東淦（左二）、陳奇祿（左三），後立者右是李哲洋。

樂，先後在東洋音樂會、日本民族學會等學術機構主辦下，於東京文化會館、東京藝術大學禮堂、日本青年館等地做多場演講；也先後五次應日本NHK廣播電台節目「世界的民族音樂」之邀，做有關台灣音樂與台灣原住民音樂的廣播演講。他的研究論文也發表在日本《音樂之友社》等雜誌上，少有台灣音樂學者得此殊榮。

他的博士論文被收錄於RILM文獻目錄，其台灣原住民音樂研究也因而受到西方學術界的注意。世界權威音樂出版品如《葛羅富音樂大辭典》第六版、比利時出版的《音樂史大圖鑑》等，都聘請呂炳川撰述有關台灣民族音樂的篇章。

一九七七年，他還代表日本勝利唱片公司，參加日本政府主辦的藝術祭比賽，以〈台灣高砂族之音樂〉一套三張唱片獲得日本文部省大獎；又爲日本新版的《世界大百科辭典》執筆有關中國音樂和台灣音樂的文章。這些殊榮都不是其他台灣音樂學者所能企及的。

深入田野　無怨無悔

一九六六年一月，史惟亮、許常惠、李哲洋、德國人史賓格（W. Spiegel）以及一群年輕人，開始了有組織、有計畫的大規模民歌採集工作。史惟亮稱這項工作的成果爲：「計全部採錄的平地、民歌戲曲達兩千首以上，這也是自鄭成功（一六六二年）驅逐荷人開拓台灣以來，中國人在本省最大規模和最有系統的民間音樂採集工作。」史惟亮英年早逝，壯志未酬，他的工作由許常惠承續下來。

一九六六年展開的「民歌採集運動」，先由范韻寄與陳書中慷慨捐贈新台

幣二十萬，後又由國防部、救國團和某些財團法人贊助，使民歌採集的成果豐碩，又加上輿論界熱烈的報導和讚許，所以他們上山下海進行採集、調查，一點也不寂寞。反觀同一時期，以專業學術訓練默默進行原住民音樂研究的呂炳川，就顯得孤寂、無助，因爲當時社會上完全不知道他也在翻

● 呂炳川在蘭嶼做音樂田野調查，屋中擠滿雅美族人，他（唯一背對的鏡頭的人）錄下了每一個音符、每一句音調，以便做研究分析；台灣的音樂家很少有人如此「身歷其境」地做研究工作。

山越嶺、徒步涉水進行這項研究工作。

一九二二年，日本音樂學者田邊尚雄來台，開啓了台灣民族音樂的田野錄音採集。之後一條愼三郎、竹中重雄跟進；黑澤隆朝於一九四三年的工作成績——《台灣高砂族的音樂》，更被視爲研究原住民音樂必讀的論著。呂炳川原先立志於此，也許只想承續這些日本學者的工作，卻在投入後深感不能讓異邦人士的研究專美於前，更需超越他們。

呂炳川的田野工作雖然少有外力支持地默默進行，但他無怨無悔、全心全力地錄音、記錄、拍照、錄影。走訪山地、跋山涉水的艱辛，有時還要避開毒蛇攻擊的危險，他從不叫苦。期間也不免發生「困擾」，因爲好飲酒的原住民似乎將歌唱和飲酒混爲一談，他有時無奈地說：「和他們喝太少，他們就唱不好；和他們喝多了，我一起醉了！」

呂炳川花費了相當於兩棟房屋的金錢，訪問台灣各地部落達一百一十個村落。他的研究成果先在國外揚名，才引起國內的注意，而得以在一九七一年獲聘東海大學音樂系民族音樂研究室研究委員等職。

美國一所研究院曾重金禮聘呂炳川擔任研究員，他卻被文化學院的莊本立教授勸回台灣。

返台執教　樂章變奏

台灣的音樂研究環境令學成返台的呂炳川大失所望。他原本很活躍、樂於參加各項社團活動，然而自從進入學術領域之後，自認受了外國學者的影響，再也不願將時間及精力消耗於無謂的交際應酬，使他和台灣文化界產生了隔閡。台灣樂壇不知是有意還是無意，都不將他看在眼裡，譬如呂炳川剛返台

時，誠心誠意地想專程拜訪幾位「偉大」的音樂家，表示敬意，連絡時竟遭回絕，個個都表示沒空。他自嘲說：「大概是怕我找他們介紹工作吧！」

有關單位舉行民族音樂的研究諮詢、企劃，也從來不曾找過他。有一年，台北舉行亞洲作曲家大會，中心議題是「以亞洲音樂素材爲創作泉源」，主要是探訪民族音樂，然而在地主國龐大的代表團名單中，甚至包括觀察員，竟然都沒有呂炳川的名字。

有的外國代表久仰呂炳川大名，以爲可以藉機會晤，卻大失所望，詢問大會所得到的答覆是：

● 國內忽視及排擠的專才，反而受到國際的肯定和重視，似乎是台灣學界的通病。一九七二年，呂炳川受邀於日本松本市國際才能教育大會中演講，多年後，他在台灣才有機會在大專院校任教。

「呂炳川先生剛好外出旅行，所以大會沒有邀請他參加……。」這件「呂炳川在家旅行」的「笑話」，是當年學術界的一樁軼聞。

這位國際音樂學報、辭書編者爭相約稿的民族音樂學家，在台灣向報章雜誌撰文投稿，卻屢遭退稿的命運。呂炳川感慨地說：「此地的音樂界，並不是老老實實在那裏苦幹就能出頭的。」

只要是千里馬，一定有伯樂賞識，呂炳川在台灣出頭天的日子終於到了。

一九七八年，呂泉生決定退休，交卸台北市私立實踐家政專科學校音樂科主任職務時，向校方負責人謝東閔推薦由呂炳川接棒，並極力陳說非他莫屬。有人說呂泉生是在「牽親引戚」，因爲他找「呂家的人」來接音樂科主任。其實呂泉生是台中人，而呂炳川是高雄人，兩人也非深交，只因爲呂泉生拜讀呂炳川在日本發表的音樂論著，十分佩服，認爲日本學術界肯定的台灣學人，如果不能讓他在家鄉生根發展，十分可惜，於是堅邀他來接自己的遺缺。

後來呂炳川又在文化大學、國立藝專及台大、師大研究所授課。據說，選他課的學生並不太多，因爲如果跟著一些名牌教授做採訪，就好像參加旅遊一樣輕輕鬆鬆。大夥啓程之前，以校方名義具發公函給縣政府、鄉公所，要求支援幫助，於是每到一處，不僅受到地方政府熱忱招待，而且樂手、歌者不是被召集在一起，就是被安排到大家下榻的旅館等著唱歌被「欣賞」。說句較不客氣的話，如此採集民謠、戲曲，幾乎是按下錄音機鍵鈕就可做的工作，哪像呂

● 時報文化出版公司出版的《呂炳川音樂論述集》。此為他的學術研究獲得「認識」才有此出版品，有一段很長的時間，他的稿件屢屢被退稿。

炳川做田野調查要跋山涉水、吃苦受難，不僅要餐風宿露，而且要在星月下陪著原住民乾那不知如何叫停的老米酒。

第二專長貢獻鄉梓

呂炳川除了在大專院校授課之外，也決心將自己的第二專長貢獻鄉梓。一九七一年六月，他先在高雄市創辦才能教育研究中心，後來又在台北市開班。為了普及樂教、推展音樂活動，他又創辦了高雄市愛樂室內樂團，自任指揮，並於一九七二年十二月二日舉行了首次演奏會，成績令人刮目

● 呂炳川從精神層面開啓了學童的心靈，每一個孩子們手中的樂器，正是呂炳川給他們的心靈鑰匙。照片攝於一九七八年，呂炳川站立在第三排右三。

相看，是從前高雄市交響樂團所望塵莫及的水準。

一九七七年五月，呂炳川更不惜田野工作難以分身，成立了才育文化事業有限公司，想進一步發展事業。

呂炳川十分重視幼兒才能的啓發，並推出了一套現代幼兒教育叢書。這套提供了新穎、直接、有效的培育幼兒才能教育叢書，受到師範大學教育系、家政系，以及教育學院特殊教養系、各師專的重視，被列爲教科書。他並再進入有聲出版的製作，推出〈幼兒音樂才能的啓發〉卡式錄音帶八卷，也獲得各界的肯定。

當年，呂炳川推展幼兒教育也不順遂；當他在南部初設才能教育幼稚園時，還引起了一些不愉快。由於他爲小朋友安排小提琴課程，引起在家設班教授樂器的老師的嚴重抗議，說他侵入並攪亂了大家的地盤，搶走他們的生意，要合力將他趕出去！

推廣樂教　戛然長鳴

「盡力將音樂廣傳到社會上的每個階層、每個角落，使人人生活在優美的樂音中，從中塑造個人氣質，調和家庭氣氛，進而改善社會風氣……。」呂炳川曾在〈我對音樂的愛心〉一文寫下如此的期許與抱負。因此，他對民族音樂的推廣範疇，舉凡原住民的民謠、閩南民謠、客家民謠、中國邊疆民謠、世界各國民謠都列在其中，後來又對宗教音樂、流行音樂進行調查，並寫了日本能劇與平劇的比較研究論文，他的雄心可以想像。可惜他的財力不勝負荷，雖然他曾獲得類似台北亞洲協會一萬元補助費等贊助，但對他那龐大而精密的研究計畫，只不過是杯水車薪。被稱爲「借錢爬山」的呂炳川，因爲投注於民族音

樂學的研究，一直過著捉襟見肘的借貸生活。

晚年，呂炳川接受香港中文大學崇基書院音樂系的禮聘，前往任教，並擔任中國音樂資料館館長。他爲了論著《台灣土著族（原住民）音樂》進行資料補充和蒐集工作，還是經常利用假期飛回台灣。

後來他前往英國愛丁堡大學，一九八五年年底結束該校的研究工作後，很

● 一九八五年，呂炳川夫妻在英國愛丁堡大學留影，這次出國是他生前最後一次的國外考察研究。

快又再擬定了一些研究計畫，而且恨不得馬上付諸行動。翌年二月，呂炳川和一群年輕朋友到阿里山達邦村參加鄒族（曹族）凱旋祭；祭典儀式本是神聖莊嚴的，但竟淪爲觀光節目，呂炳川一行人被擋在觀光人潮的外面，根本無法進行採訪工作，他很感嘆的說：「那麼多人爲著趕熱鬧來到這裡，卻阻擬了眞心關心文化工作者的採訪，有關單位也不予協助與重視，這將造成文化研究不可計量的損失啊！」

被列為「中華民俗藝術叢書」的《台灣土著族音樂》，由百科文化事業出版，呂炳川如果還活著，他必更正書名為《台灣原住民音樂研究》。

呂炳川的不平，不正是經濟起飛而文化衰落的台灣現象，一針見血的評語嗎？

這一趟的田野調查，成了呂炳川研究工作的最後一站。

終曲忽彈　不幸落幕

從阿里山達邦村回來後，呂炳川緊接著準備兩篇論文。一九八六年四月十五日起一連三天，第二屆中國民族音樂學會議舉行學術論文發表討論會。第一天第一場發表的論文〈中國歷代琵琶的演變〉，撰稿人正是呂炳川教授，然而大會只得在他「缺席報告」下，宣布他的不幸，令當天與會學者專家唏噓不已。一個月前（一九八六年三月十五日），這位學術生涯正如日中天的台灣第

● 呂炳川最後一次的音樂田野調查之旅。他站在阿里山登山鐵路的「十字路」站，執著於民族音樂田野工作的他，似乎不曾有過「十字路」前的徘徊躊躇。

一位民族音樂學家因心臟病驟然過世，享年僅五十八歲。他首先「缺席」的國際性會議是過世後一個星期（三月二十二日）在美國芝加哥舉行的美洲中國講唱文學與表演藝術會議，當時呂炳川被選派爲香港代表。

這一位在民族音樂學上執著神往、跋涉前行的研究者壯志未酬，令曾在學術領域上與他「抗衡」的許常惠也忍不住對媒體記者說：「呂先生是台灣第一位真正研究民族音樂的音樂專家，下一代若要超越他的成就，只怕要等上好長一段時間了！」

《民生報》記者侯惠芳以〈國內音樂學術界低調中唯一的高音〉爲題來報導他的不幸，可以說是最貼切的形容。

常常隨著呂炳川從事田野調查的年輕音樂學者明立國認爲，呂炳川、史惟亮、莊本立代表台灣民族音樂學發展的三種方式，他說：「莊本立以史學見長，對中國音樂的歷史、樂律、樂制、樂器，都有其廣泛的研究論著；史惟亮以一個作曲家的立場喚起了社會大眾及習樂的學生們，回頭來重新肯定古老的傳說；呂炳川則在史學的方法上，以田野工作建立了一個穩固的學術基礎。」

呂炳川跋涉前行的民族音樂學之路，雖然仍待有心人繼續前行，但畢竟他已開拓出一條途徑，他遺留下來的研究成果不僅是可貴的文化資產，更難能可貴的是他的治學態度和精神，已成了難得的典範。

呂炳川年表

1929	01歲	九月四日出生於高雄市。
1959	31歲	擔任高雄市交響樂團指揮。
1962	34歲	赴日，就讀武藏野音樂大學，主修小提琴。
1965	37歲	研究「才能教育」。
1966	38歲	獲武藏野音樂藝術學士學位。
1967	39歲	就讀日本國立東京大學院人文科學研究科，主修音樂美學，兼修民族音樂學。
1969	41歲	以〈台灣高砂族音樂的比較音樂學研究〉獲碩士學位，考進同科博士班。
1971	43歲	擔任東海大學音樂系民族音樂研究室研究委員，於高雄市創辦才能教育研究中心。
1973	45歲	以〈台灣高砂族音樂——比較音樂學的考察〉獲日本東京大學民族音樂學博士。
1977	49歲	以〈台灣高砂族之音樂〉獲日本藝術祭大賞。成立「才育文化事業有限公司」，推展幼兒教育。
1978	50歲	呂泉生引薦擔任台北市私立實踐家政專科學校音樂科主任。
1985	57歲	赴英國愛丁堡大學研究；之前在香港中文大學崇基書院音樂系任教，兼中國音樂資料館館長。
1986	58歲	三月二十二日心臟病驟逝。

【誌謝】

本書得已付梓，圖片提供者的無私奉獻，功不可滅；因爲只賴我個人少許的蒐藏，必難有此豐富的影像資料，因此特在此多謝傳主的親朋鼎力之助：

王敏川 ▼ 王閏芳、李篤恭

杜聰明 ▼ 杜麗煋

賴　和 ▼ 賴和紀念館

陳清忠 ▼ 柯設楷、呂泉生

陳君玉 ▼ 廖漢臣

鄧雨賢 ▼ 鄧仁輔

李臨秋 ▼ 李修鑑

江文也 ▼ 吳韻真、曹永坤

林朝棨 ▼ 林恩朋

呂炳川 ▼ 許碧月

生活台灣63

台灣百人傳2

作　者—莊永明
董事長
發行人—孫思照
社　長—莊展信
出版者—時報文化出版企業股份有限公司
台北市108和平西路三段二四〇號四F
發行專線—（〇二）二三〇六—六八四二
讀者免費服務專線—（〇八〇）二三一—七〇五
（如果您對本書品質與服務有任何不滿意的地方，請打這支電話）
郵撥—〇一〇三八五四～〇時報出版公司
信箱—台北郵政七九～九九信箱
電子郵件信箱—ctliving@readingtimes.com.tw

主　編—心岱
編　輯—項慧齡
美術編輯—盧紀君
校　對—莊永明、項慧齡、廖寧
製　版—鴻霖國際事業有限公司
印　刷—富昇印刷有限公司
初版一刷—二〇〇〇年五月二十二日
定　價—新台幣三二〇元
⊙行政院新聞局版北市業字第八〇號

國家圖書館出版品預行編目資料

臺灣百人傳／莊永明著　－－初版. －－臺北市
：時報文化，　2000－〔民 89－〕
面；　公分. －－（生活台灣；　62－）

ISBN 957－13－3135－X(第 1 冊；平裝)
ISBN 957－13－3143－0(第 2 冊；平裝)
1. 臺灣　－　傳記

782.632　　89005846

ISBN 957-13-3143-0
Printed in Taiwan

時報悅讀網
http://publish.chinatimes.com.tw

編號：CE0063	**書名：台灣百人傳2**
姓名：	**性別：**________ 1.男　　2.女
出生日期：　　年　　月　　日	**身份證字號：**
________ **學歷：**1.小學　2.國 中　3.高中　4.大專　5.研究所（含以上）	
________ **職業：**1.學生　2.公務（含軍警）　3.家管　4.服務　5.金融　6.製造　7.資訊　8.大眾傳播　9.自由業　10.農漁牧　11.退休　12.其他	
地址：__________縣(市)__________鄉鎮區__________村__________里　________鄰__________路(街)_____段_____巷_____弄_____號_____樓　郵遞區號 __________	

（下列資料請以數字填在每題前之空格處）

________ **購書地點／**
1.書店　2.書展　3.書報攤　4.郵購　5.直銷　6.贈閱　7.其他 ________

________ **您從哪裡得知本書／**
1.書店　2.報紙廣告　3.報紙專欄　4.雜誌廣告　5.親友介紹
6.DM廣告傳單　7.其他 ________

________ **您希望我們爲您出版哪一類的作品／**
1.人文歷史　2.生態保育　3.民間藝術
4.飲食文化　5.觀光旅遊　6.其他 ________

________ **您對本書的意見／**
內容／1.滿意　2.尚可　3.應改進
編輯／1.滿意　2.尚可　3.應改進
封面設計／1.滿意　2.尚可　3.應改進
校對／1.滿意　2.尚可　3.應改進
定價／1.偏低　2.適中　3.偏高

您希望我們爲您出版哪一位作者的作品／

____

您的建議／

____

請沿虛線撕下後對折裝訂寄回，謝謝

請沿虛線摺下裝訂，謝謝！

廣告回郵
北區郵政管理局登記證北台字1500號
免貼郵票

時報出版
CHINA TIMES PUBLISHING COMPANY
尊重智慧與創意的文化事業

地址：台北市108和平西路三段240號4F
電話：（080）231-705（讀者免費服務專線）
（02）2306-6842。2302-4075（讀者服務中心）
郵撥：0103854-0 時報出版公司

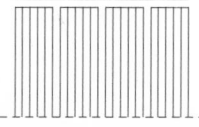

請寄回這張服務卡（免貼郵票），您可以——
- ●隨時收到最新消息。
- ●參加專為您設計的各項回饋優惠活動。

生活台灣

祖先的步履·你我的城市

寄回本卡，掌握生活台灣的最新出版訊息。